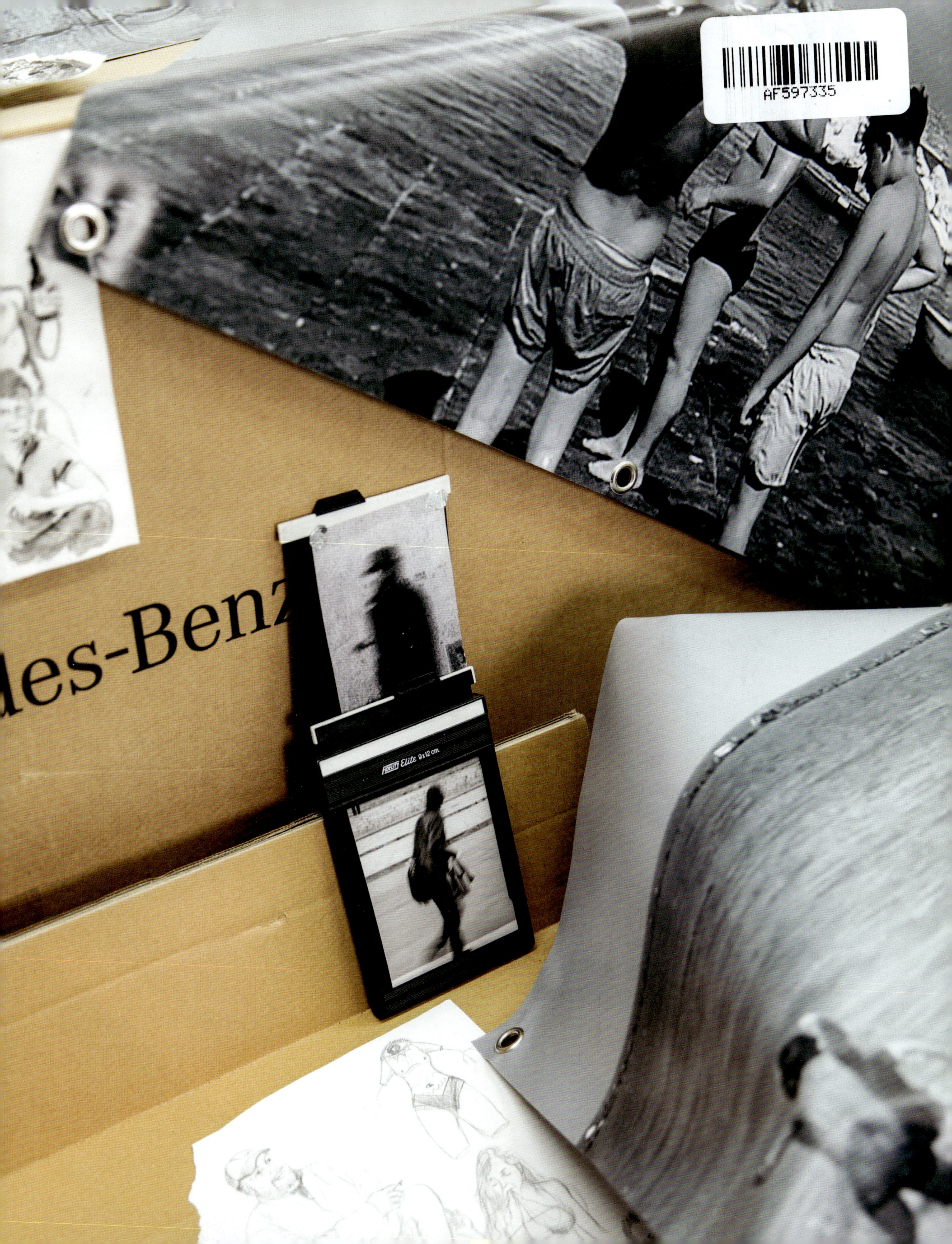
des-Benz

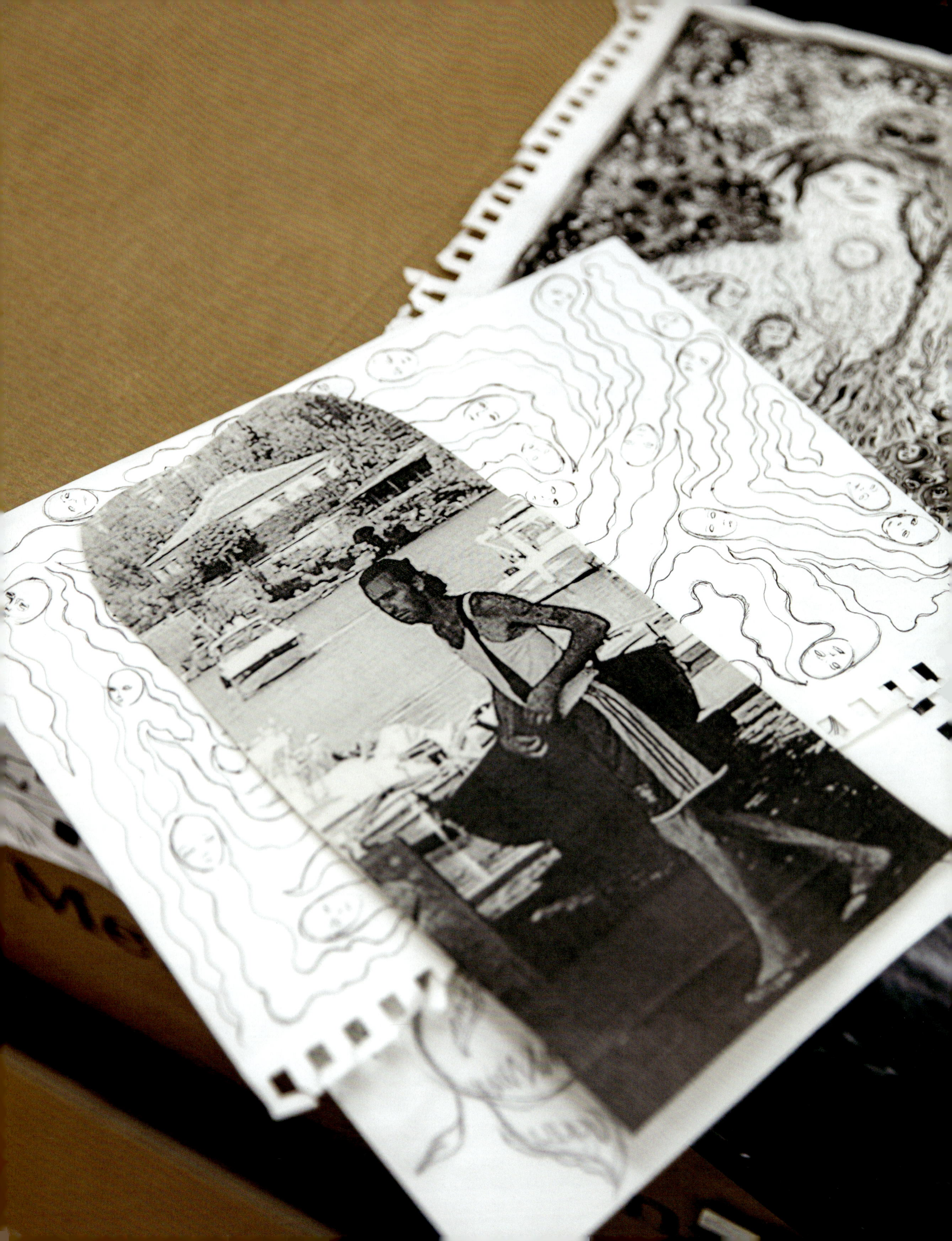

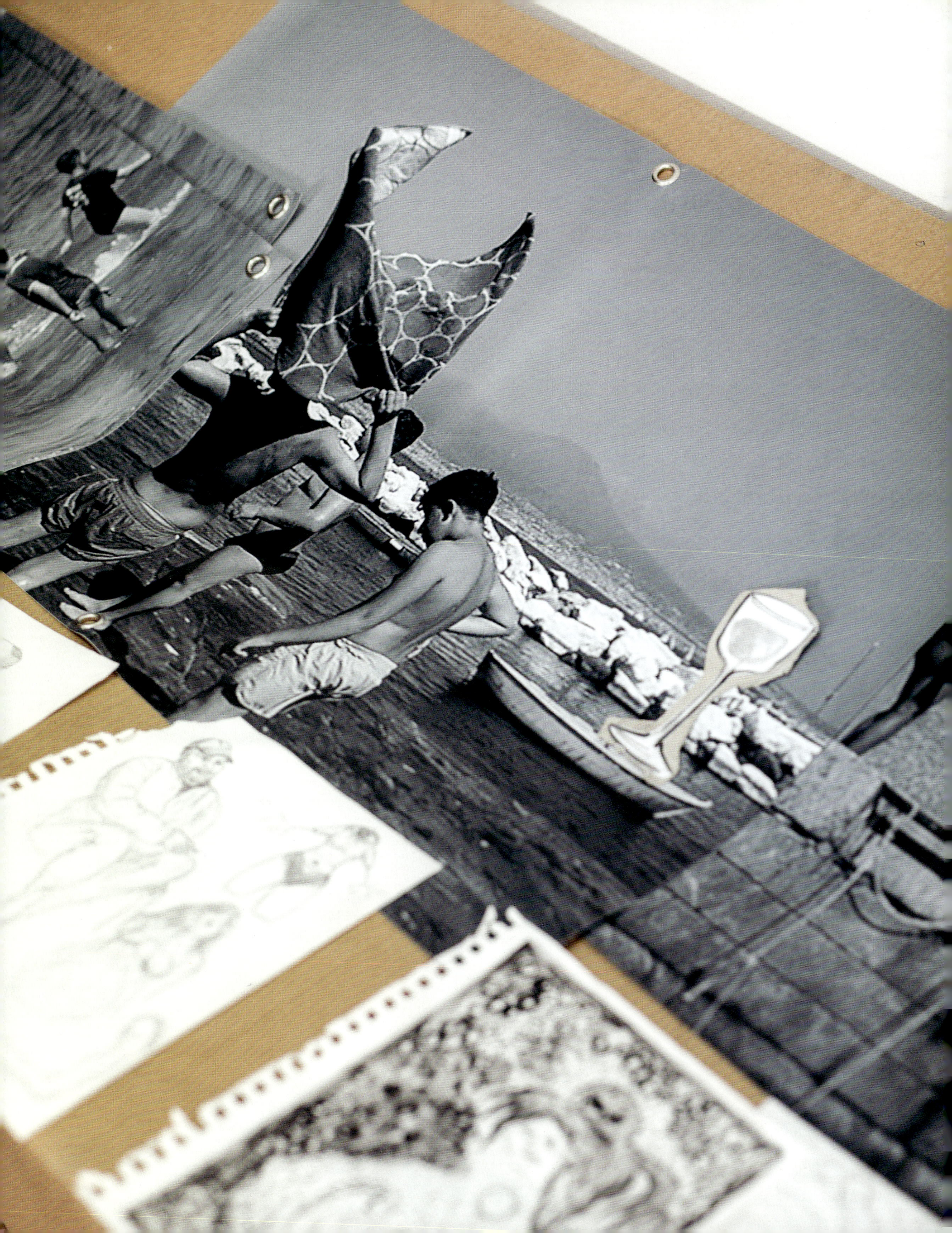

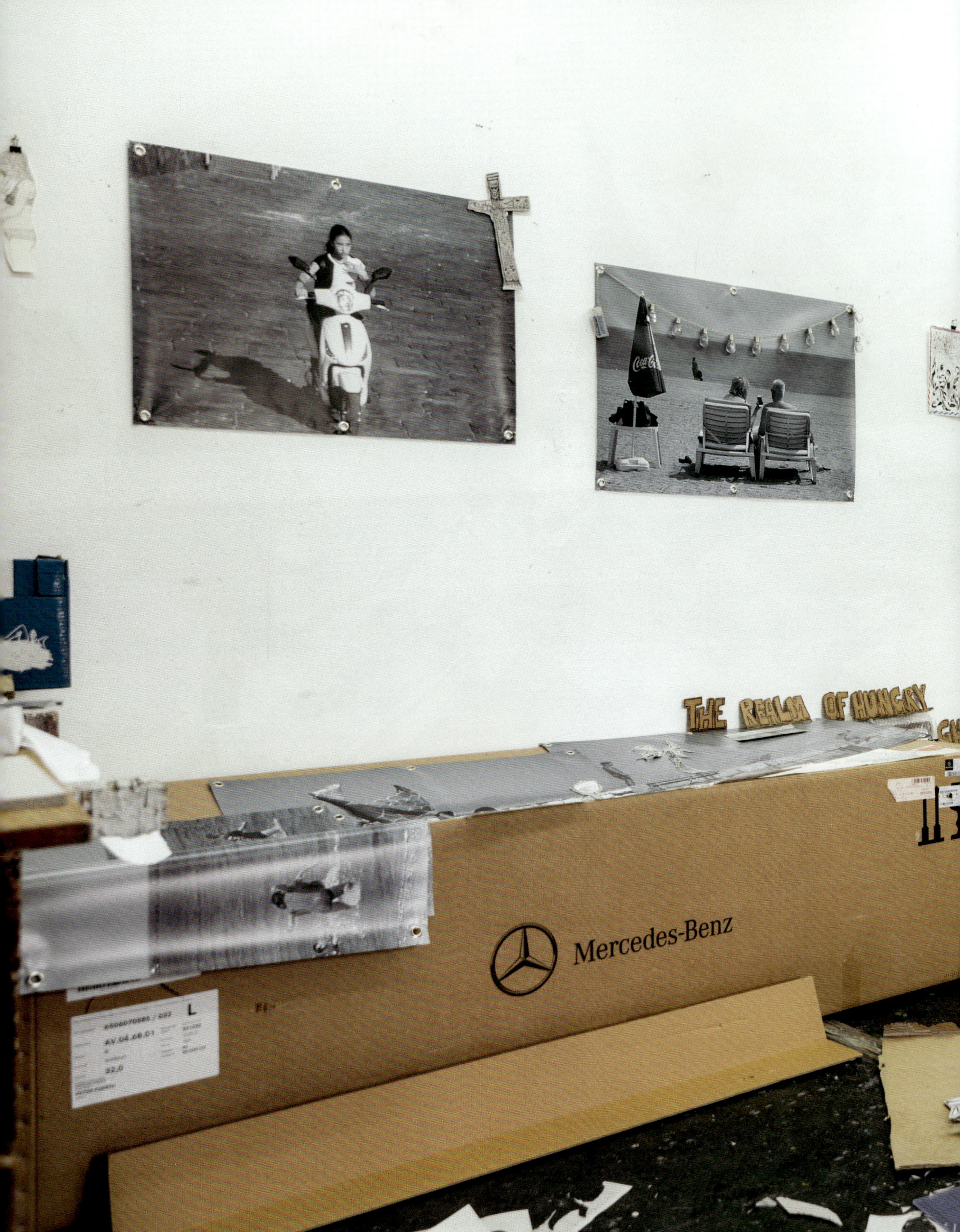
Coca-Cola
THE REALM OF HUNGRY
Mercedes-Benz

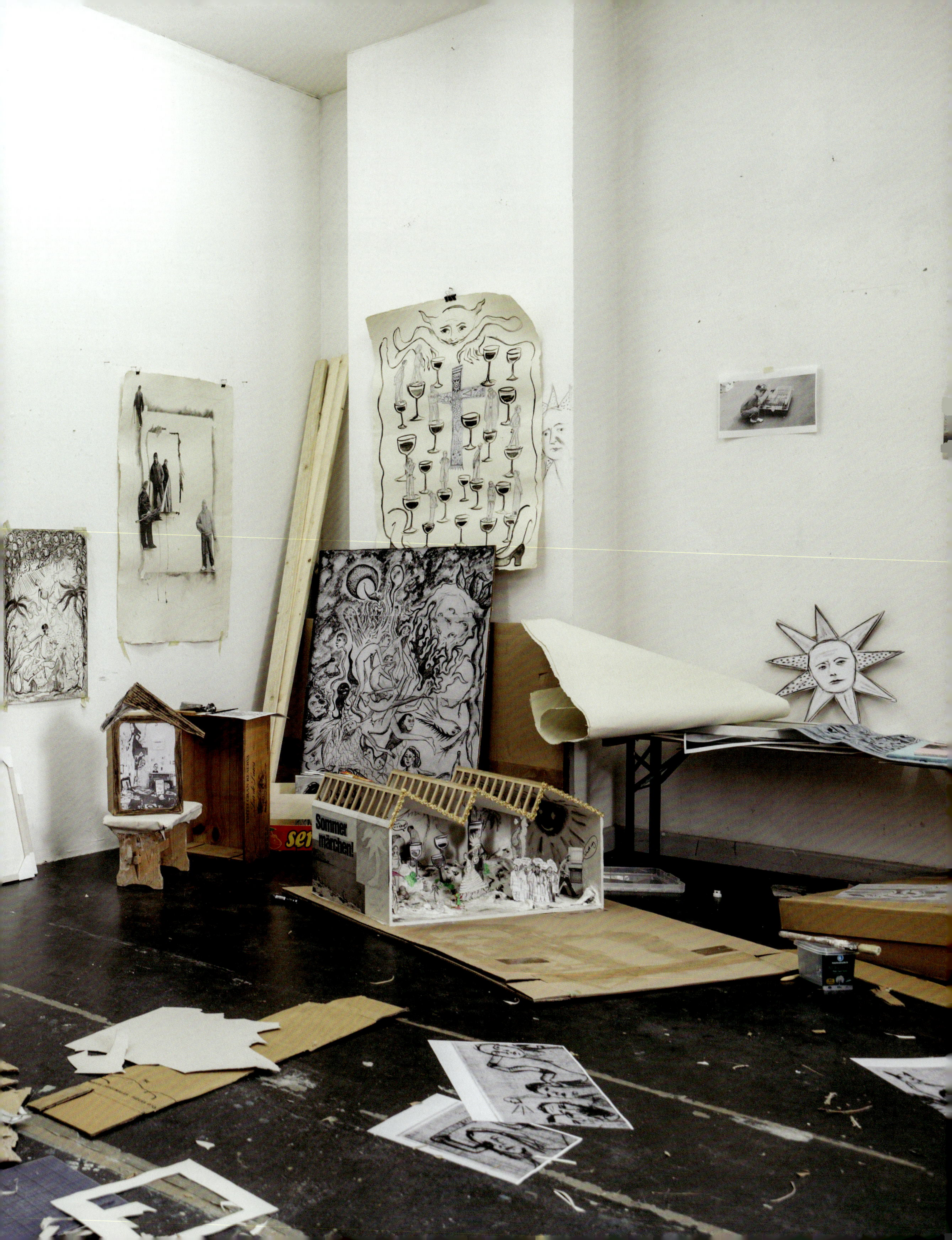
Sommer
märchen!

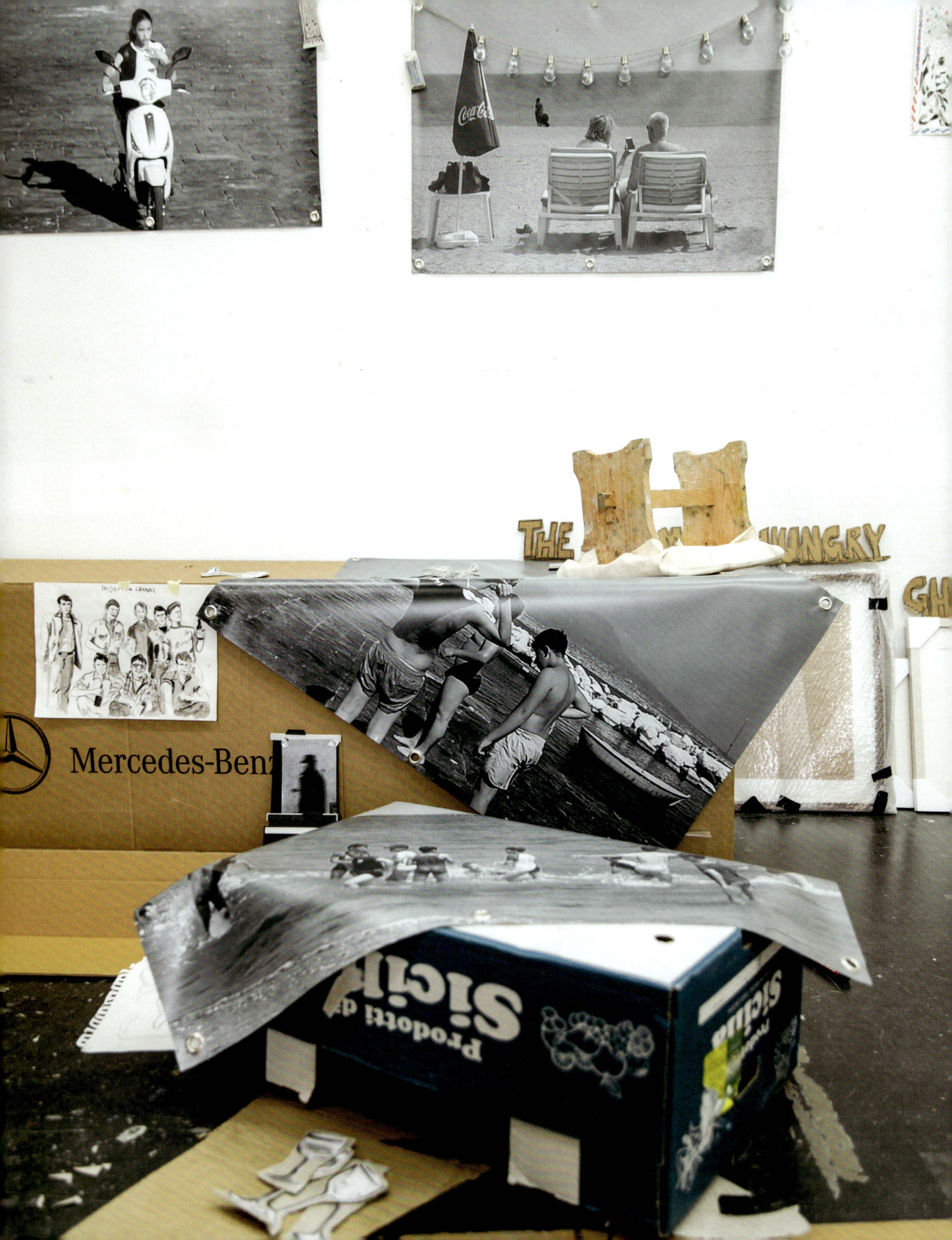
THE
HUNGRY
Mercedes-Ben

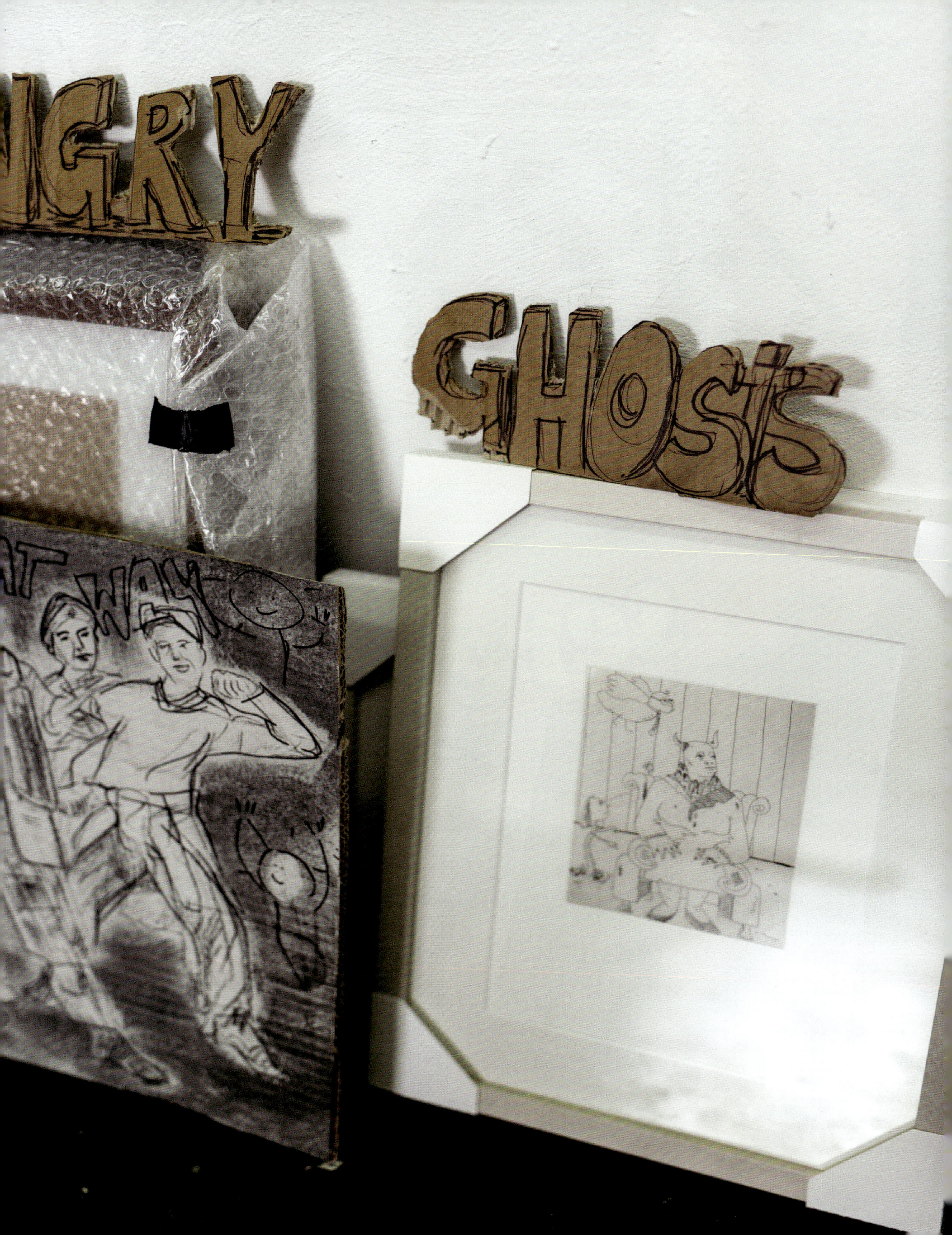
GHOSTS

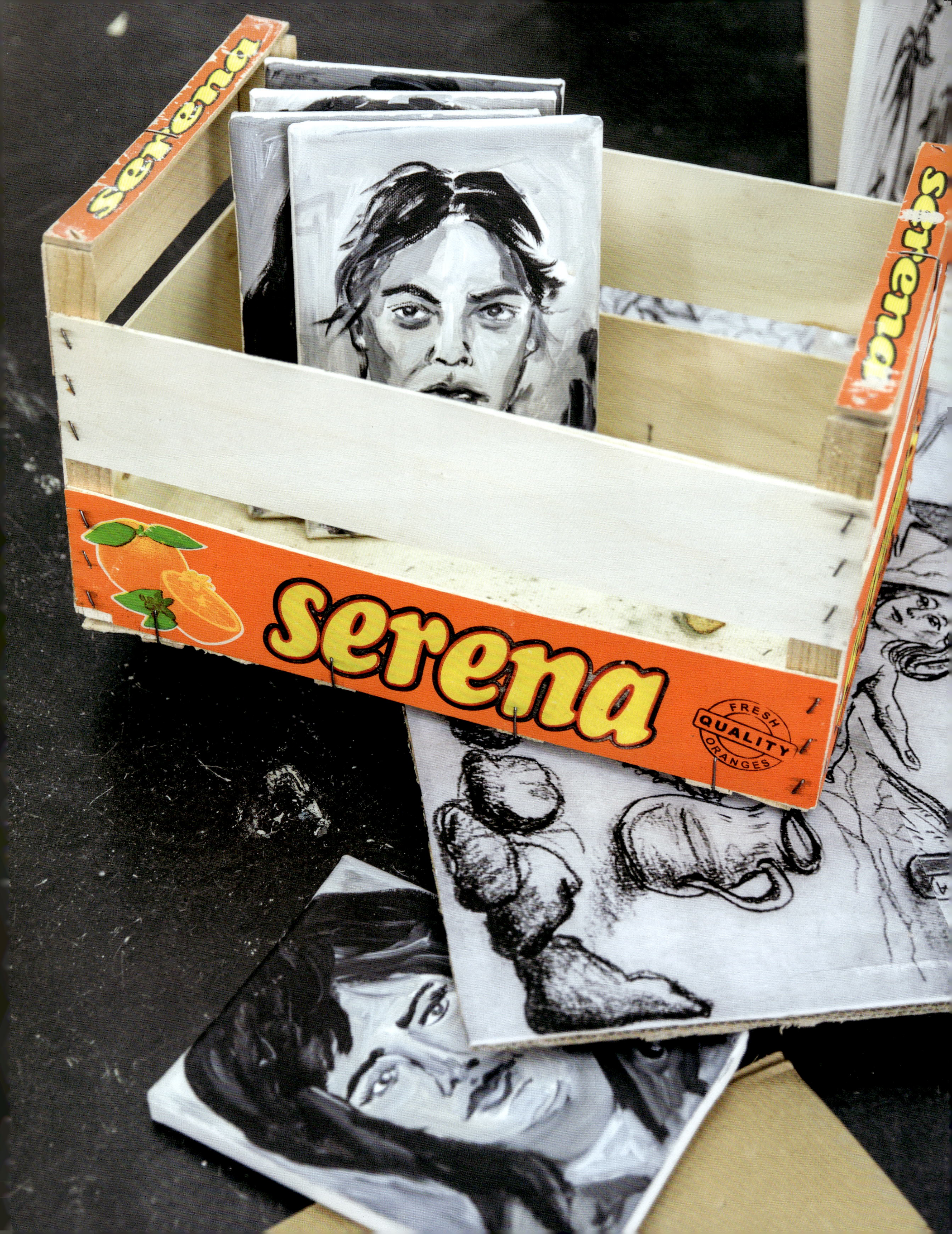
serena
serena
Serena
FRESH
QUALITY
ORANGES

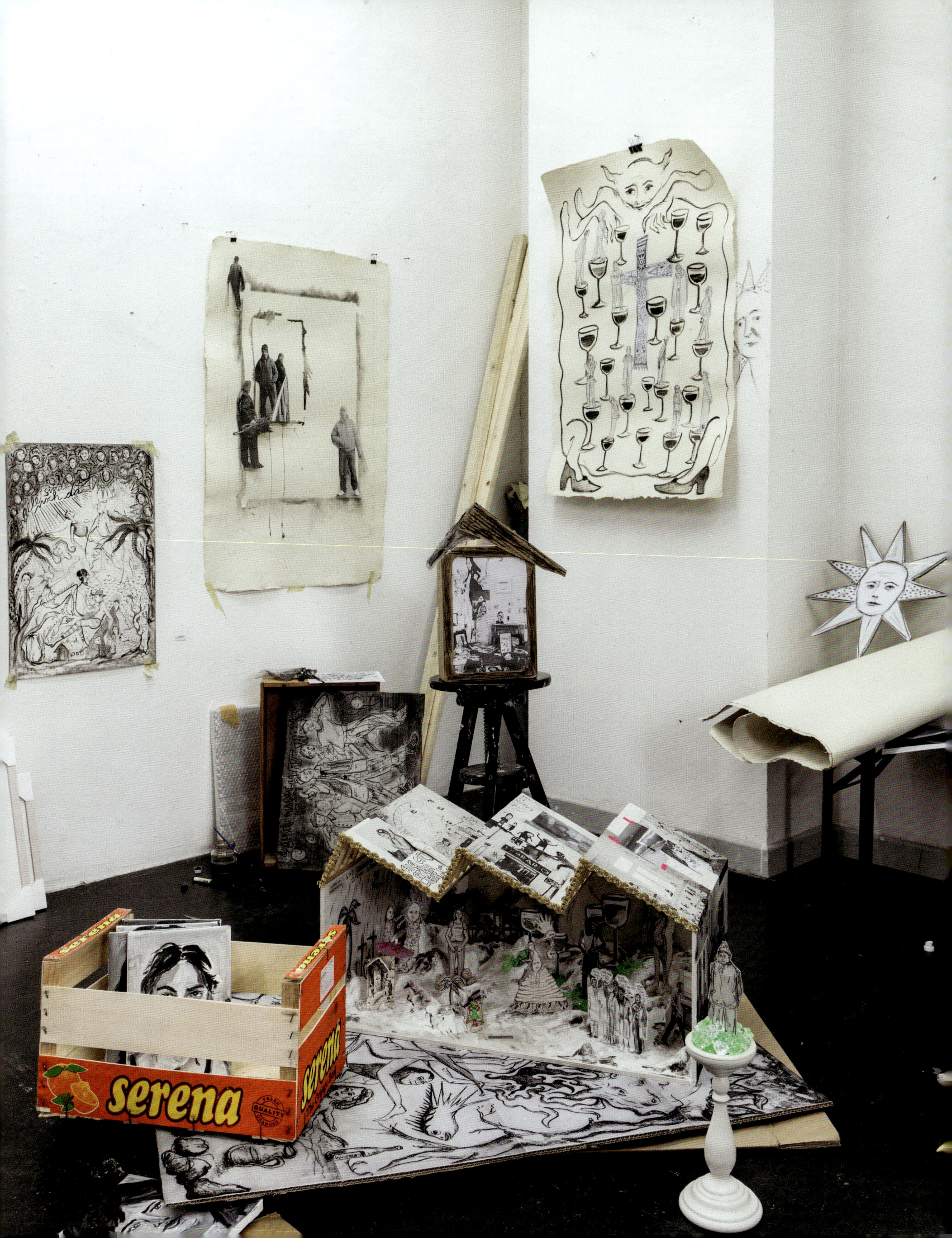
serena
serena

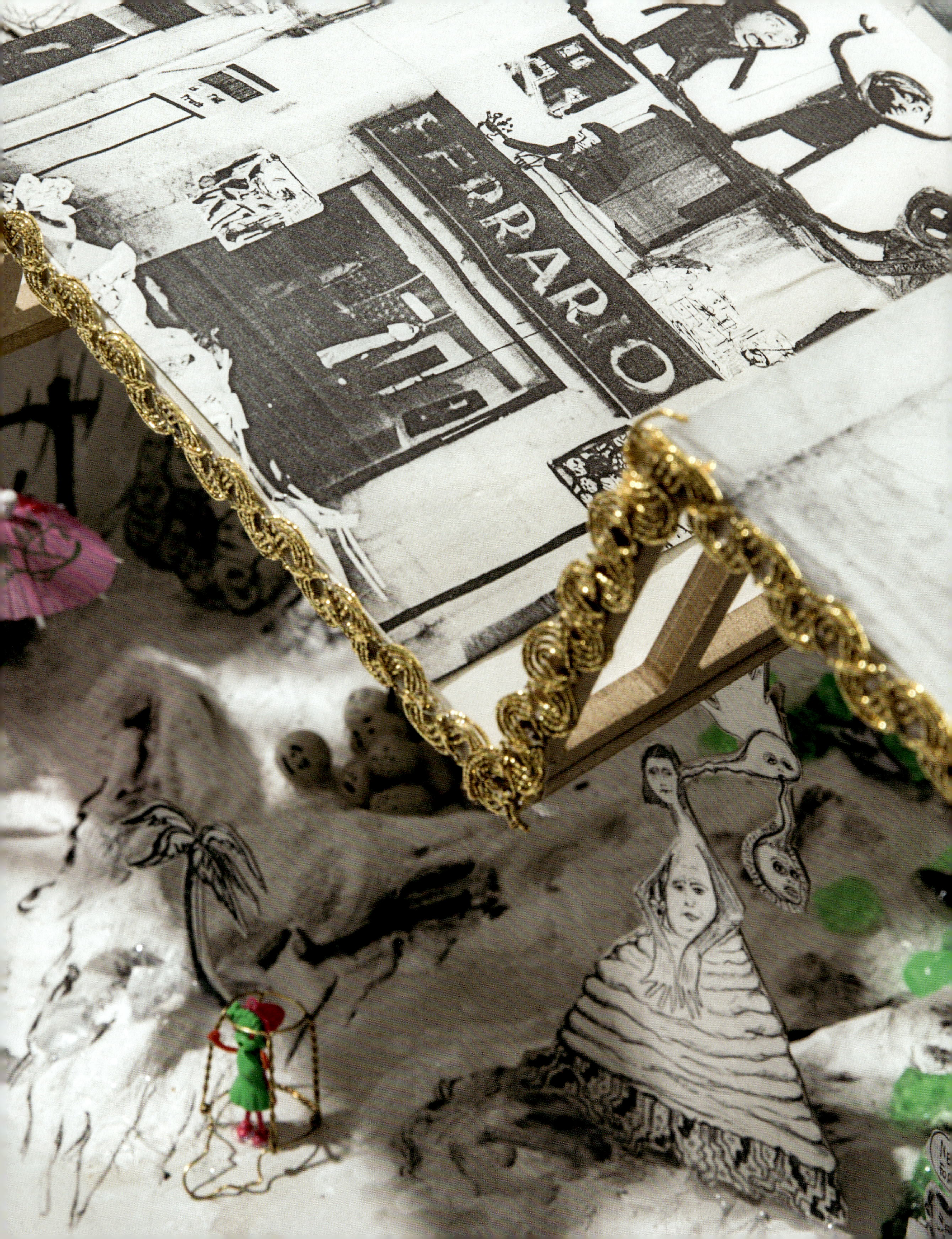

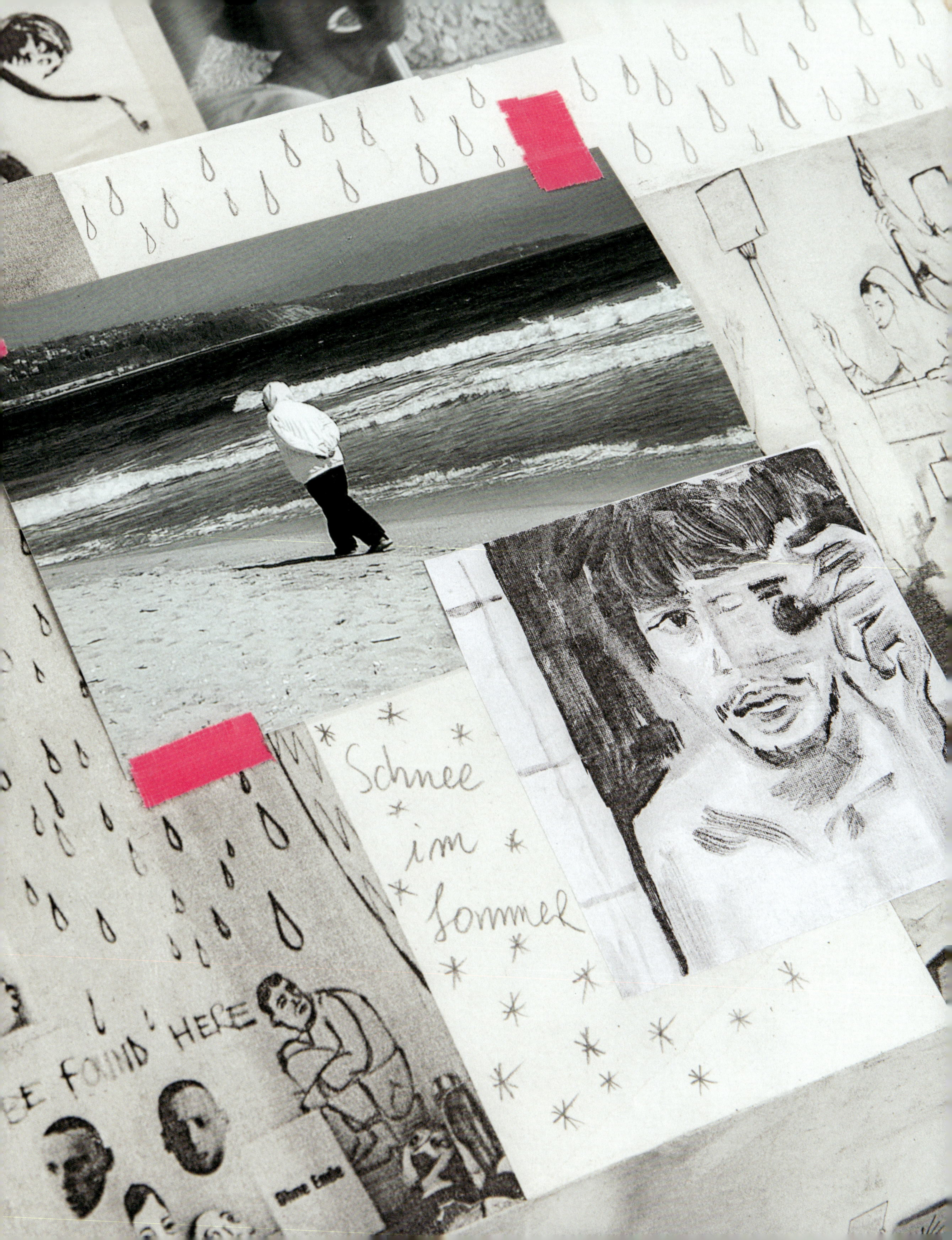
Schnee
im
Sommer
…EE FOUND HERE

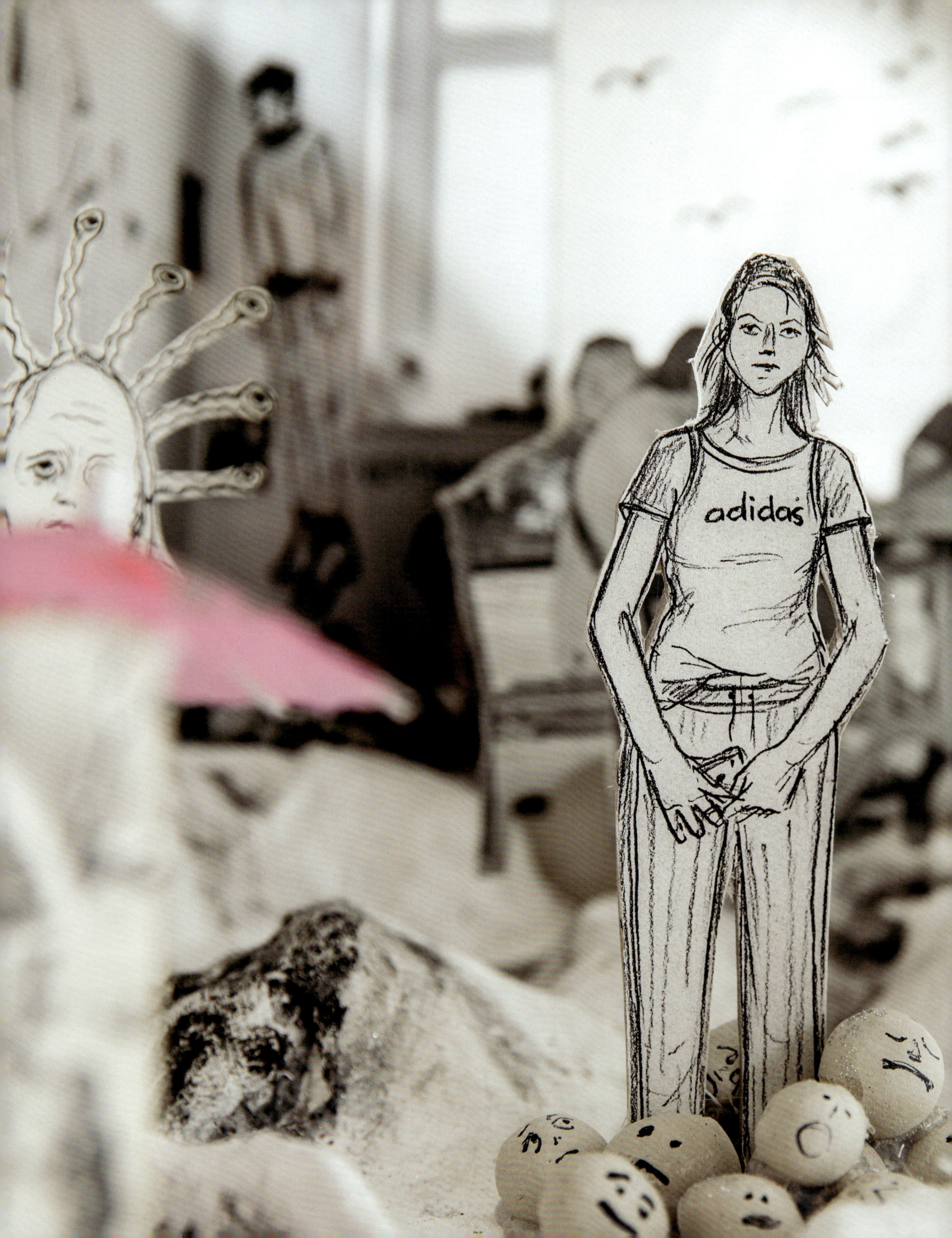
adidas

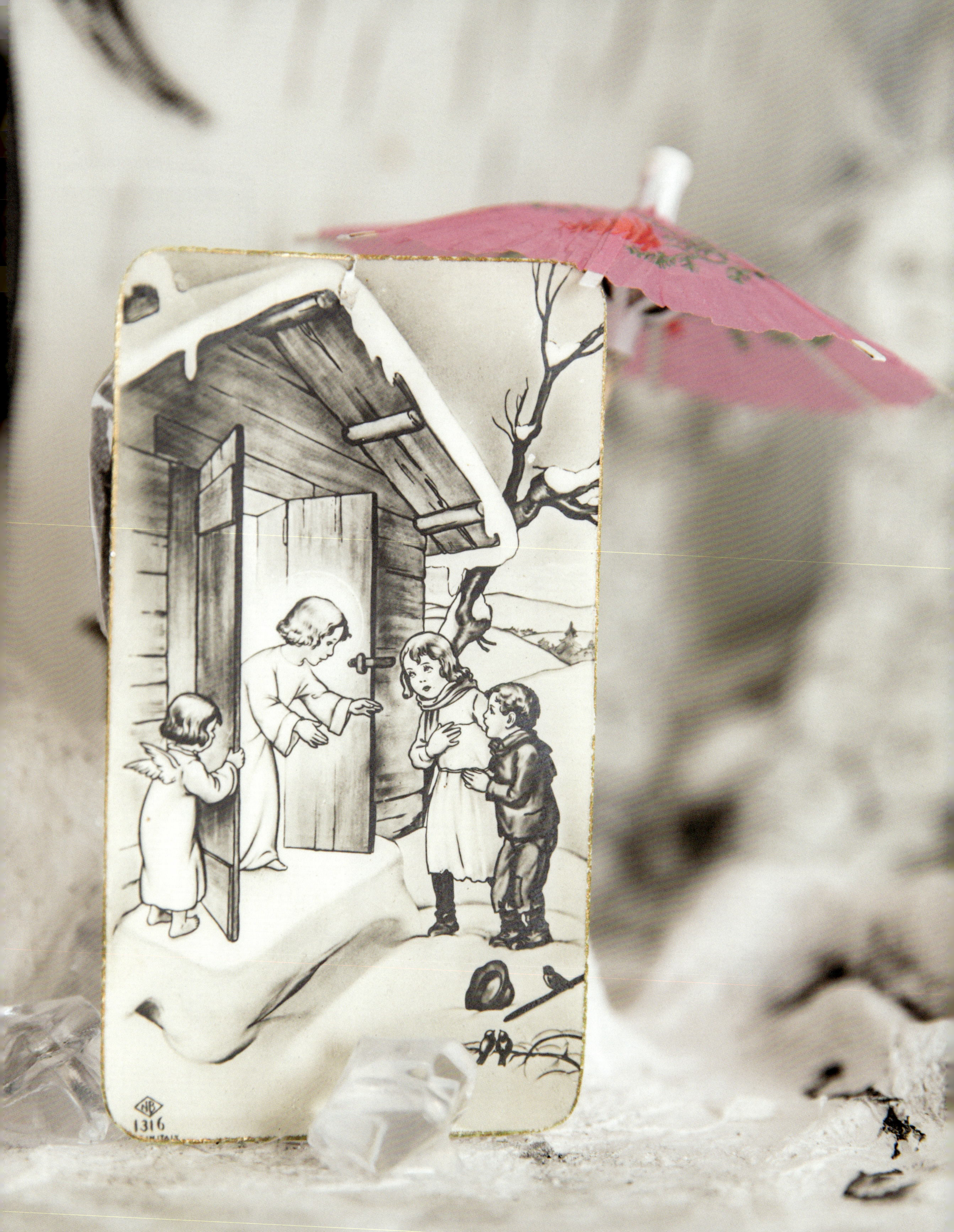
1316

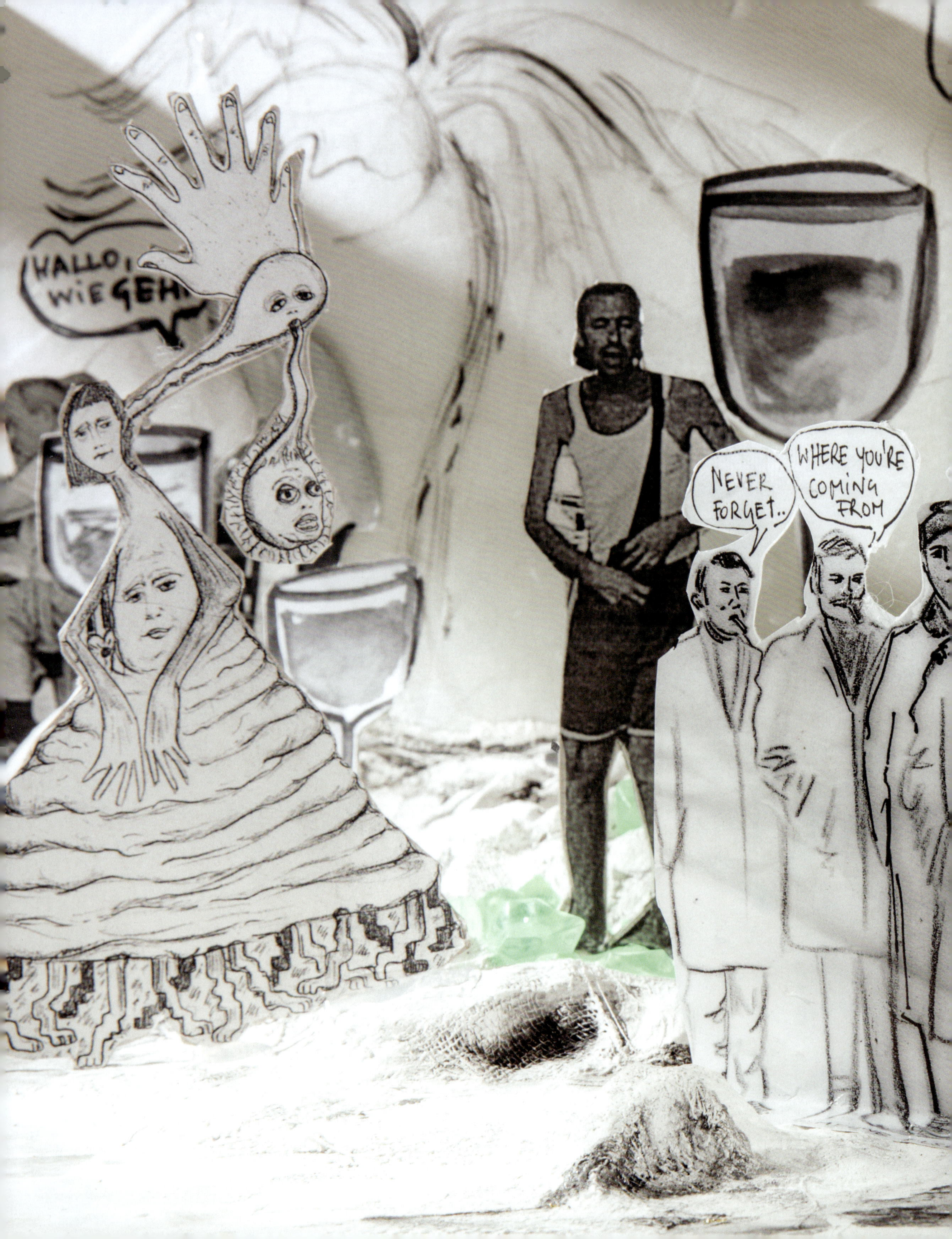
HALLO, WIE GEH
NEVER FORGET..
WHERE YOU'RE COMING FROM

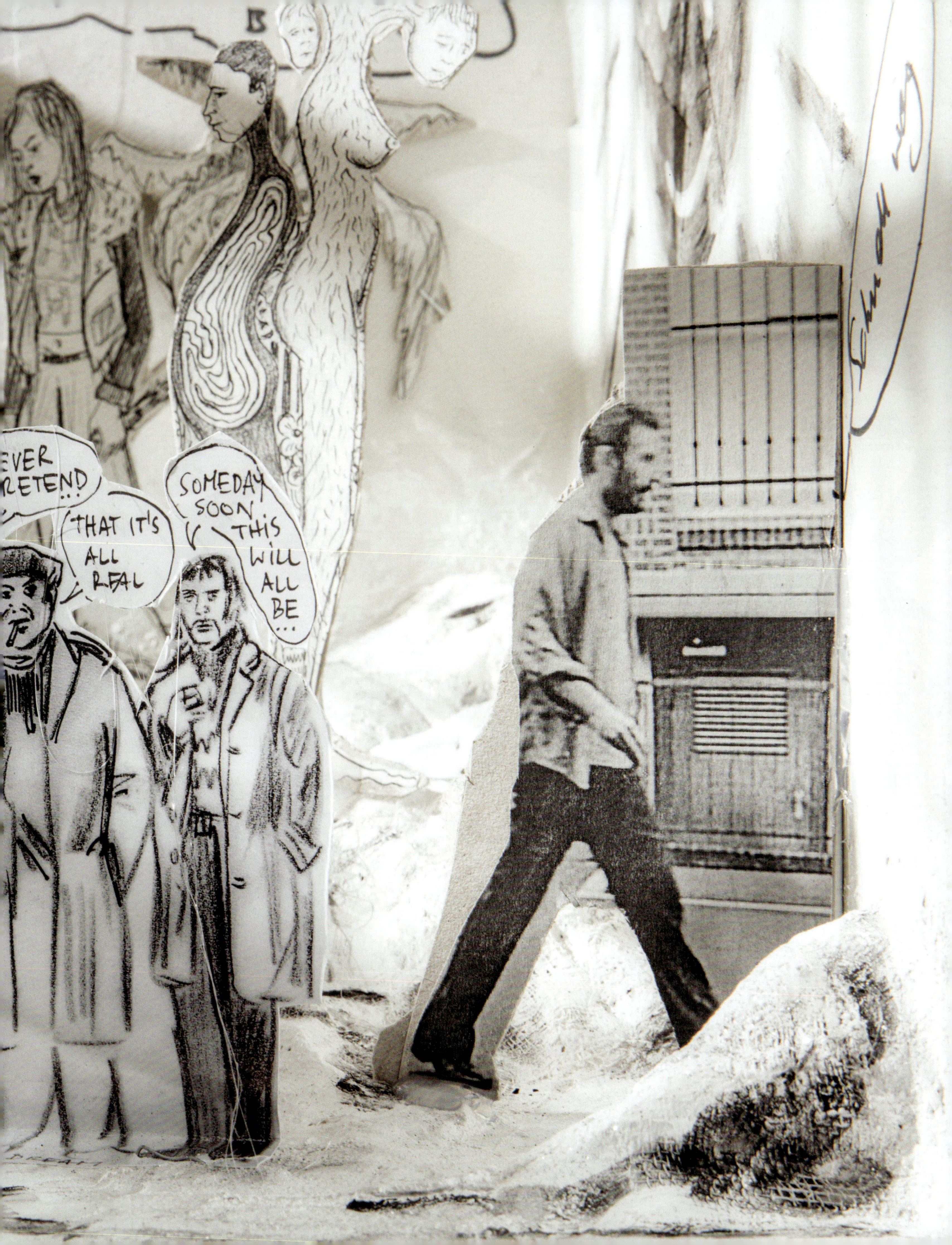
EVER
RETEND
..!
THAT IT'S
ALL
REAL
SOMEDAY
SOON
THIS
WILL
ALL
BE
...

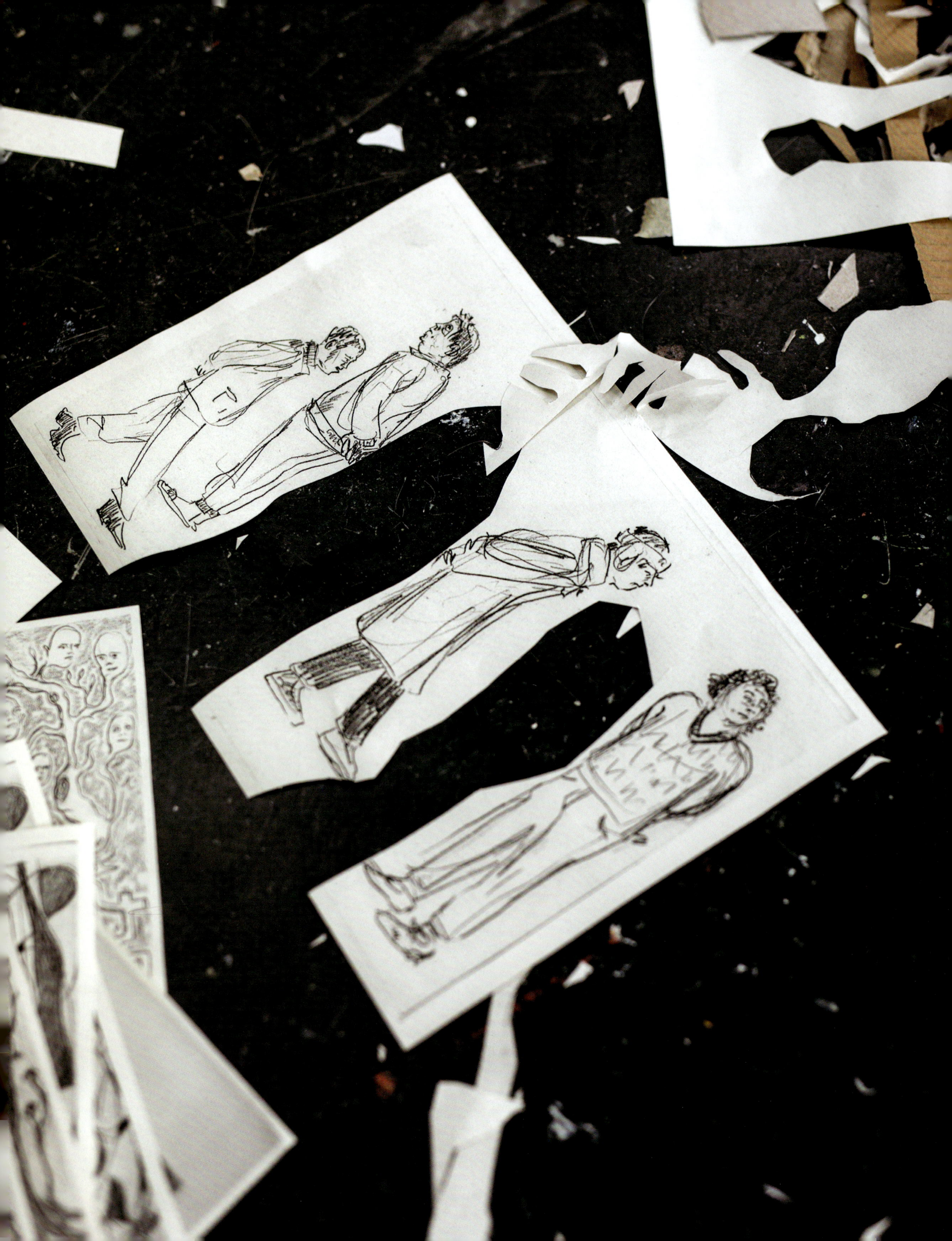

7. Horst-Janssen-Grafikpreis
der Claus Hüppe-Stiftung /
7th Horst Janssen Graphic Art Prize
of the Claus Hüppe Foundation
2021

WHERE THE DRAWINGS LIVE

Serena Ferrario

Hamburger Kunsthalle

Herausgegeben von /
Edited by
Leona Marie Ahrens
und / and
Petra Roettig
für die Claus Hüppe-Stiftung /
for the Claus Hüppe Foundation
und die / and the
Hamburger Kunsthalle

KERBER ART

Danksagung

Die Claus Hüppe-Stiftung freut sich, den Horst-Janssen-Grafikpreis 2021 an Serena Ferrario für ihr herausragendes künstlerisches Schaffen zu vergeben.

Die Auszeichnung beinhaltet neben dem Preisgeld eine museale Ausstellung der Preisträgerin mit begleitender Katalogpublikation. Dem berühmten Hamburger Grafikkünstler Horst Janssen (1929–1995) gewidmet, wird dieser Nachwuchspreis seit 2003 in regelmäßigen Abständen an Erfolg versprechende Künstler*innen aus dem Bereich der Zeichnung, Druck-, Computergrafik oder Fotografie vergeben und möchte ihnen so eine nennenswerte Unterstützung bieten.

Nach sechs erfolgreichen Grafikpreisausstellungen in dem von der Claus Hüppe-Stiftung mitinitiierten und maßgeblich geförderten Horst-Janssen-Museum Oldenburg soll der Grafikpreis nun in Hamburg ausgetragen werden, um Janssens Andenken auch in seiner Geburtsstadt zu stärken, in der er nahezu lebenslang gewirkt hat.

Umso mehr freuen wir uns, den 7. Horst-Janssen-Grafikpreis der Claus Hüppe-Stiftung erstmals in Kooperation mit der Hamburger Kunsthalle zu verleihen, deren Kupferstichkabinett über eine umfangreiche Sammlung von Werken Horst Janssens verfügt. Die Ausstellung der Preisträgerin Serena Ferrario ermöglicht dem Haus gleichermaßen ein gewichtiges Instrument in dessen kritischer Auseinandersetzung mit zeitgenössischer Grafik.

Die Claus Hüppe-Stiftung dankt den diesjährigen Jurymitgliedern Dr. Jenny Graser (Staatliche Museen zu Berlin – Preußischer Kulturbesitz, Kupferstichkabinett), Dr. Matthias Mühling (Lenbachhaus München), Rik Reinking (WAI Woods Art Institute Wentorf), Dr. Petra Roettig und Dr. Andreas Stolzenburg (Hamburger Kunsthalle) für ihr Engagement und kenntnisreiches Urteil.

Das zweistufige Auswahlverfahren des Grafikpreises schließt eine Eigenbewerbung aus, und wir danken allen teilnehmenden Professor*innen der künstlerischen Hochschulen für die Nennung eines aus ihrer Sicht erfolgreichen Kandidaten beziehungsweise einer Kandidatin. Insbesondere sei hier Nadine Fecht (ehemals Hochschule für Bildende Künste Braunschweig) genannt für die Nominierung der diesjährigen Grafikpreisträgerin Serena Ferrario.

Sehr herzlich danken wir dem Team der Hamburger Kunsthalle, namentlich Leona Marie Ahrens und Dr. Petra Roettig, für die hervorragende Organisation und Durchführung des gesamten Prozesses rund um den Grafikpreis.

Nicht zuletzt möchten wir uns bei allen Grafikpreiskandidat*innen für ihre engagierte Teilnahme und ihre Bereitschaft zum kritischen Vergleich bedanken – ohne sie gäbe es keinen Grafikpreis!

Der diesjährigen Preisträgerin Serena Ferrario und ihren Mitbewerber*innen wünschen wir eine weiterhin erfolgreiche Zukunft!

Anna-Julia Reinking
Vorstand der Claus Hüppe-Stiftung

The Claus Hüppe Foundation is pleased to award the Horst Janssen Graphic Art Prize 2021 to Serena Ferrario for her outstanding artistic production.

In addition to the cash prize, the award includes a museum exhibition dedicated to the recipient along with the publication of an accompanying catalogue. Dedicated to the famous Hamburg graphic artist Horst Janssen (1929–1995), this prize for aspiring young artists has been awarded at regular intervals since 2003 to promising artists from the fields of drawing, print- or computer-graphics, and photography, and is intended to provide them with considerable support.

After six successful exhibitions for the Graphic Art Prize at the Horst-Janssen-Museum in Oldenburg, which was co-founded and is substantially supported by the Claus Hüppe Foundation, the decision was made to present the Graphic Art Prize in Hamburg, in order to foster the memory of Janssen in the city of his birth, where he was active for almost all of his life.

Thus we are all the more pleased to award the 7th Horst Janssen Graphic Art Prize of the Claus Hüppe Foundation for the first time in collaboration with the Hamburger Kunsthalle, whose Department of Prints and Drawings includes an extensive collection of works by Horst Janssen. The exhibition featuring the award recipient Serena Ferrario likewise provides the institution with an important instrument in its critical investigation of contemporary graphic art.

The Claus Hüppe Foundation would like to thank this year's jury members Dr. Jenny Graser (State Museums of Berlin – Prussian Cultural Heritage, Museum of Prints and Drawings), Dr. Matthias Mühling (Lenbachhaus Munich), Rik Reinking (WAI Woods Art Institute Wentorf), and Dr. Petra Roettig and Dr. Andreas Stolzenburg (Hamburger Kunsthalle) for their considerable commitment and knowledgeable decision-making.

The two-stage selection process for the Graphic Art Prize does not allow unsolicited applications, and we thank each of the participating professors from various art academies for naming a candidate they consider to be successful. Special mention should be made here of Nadine Fecht (formerly Braunschweig University of Art) for her nomination of this year's recipient of the Graphic Art Prize, Serena Ferrario.

Our heartfelt gratitude goes to the team of the Hamburger Kunsthalle, namely Leona Marie Ahrens and Dr. Petra Roettig for the outstanding organization and realization of the entire process involving the Graphic Art Prize.

Last but not least, we thank all the nominated artists for their enthusiastic participation and readiness for critical comparison—without them, there would not be a Graphic Art Prize!

We wish this year's award recipient Serena Ferrario and her co-competitors further success in the future!

Anna-Julia Reinking
Director of the Claus Hüppe Foundation

Serena Ferrario ist die 7. Preisträgerin des Horst-Janssen-Grafikpreises der Claus Hüppe-Stiftung, der dieses Jahr erstmals in der Hamburger Kunsthalle vergeben wird. Der renommierte Preis zeichnet das außergewöhnliche Werk einer herausragenden Künstlerin aus, zugleich stellt er die Grafik, das bevorzugte Medium des Künstlers Horst Janssen, ausdrücklich in den Mittelpunkt. Die Hamburger Kunsthalle besitzt nicht nur die weltweit größte Sammlung von Horst Janssens Werk, sondern ist auch in den letzten Jahren durch zahlreiche Ausstellungen und Erwerbungen zu einem zentralen Ort für zeitgenössische Grafik geworden. Ziel ist es, im Austausch mit Hochschulen und Akademien früh junge Künstler*innen zu fördern und neue Positionen in der Grafik zu entdecken. Die Vergabe des 7. Horst-Janssen-Grafikpreises durch die Claus Hüppe-Stiftung ist daher nicht nur ein Glücksfall für unser Museum, sondern zugleich auch eine einzigartige Auszeichnung für die Grafischen Künste.

Serena Ferrarios multimediale Installationen beginnen in der grafischen Auseinandersetzung, die selbst in ihren Schwarz-Weiß-Filmen deutlich wird. Ihr besonderer Blick auf die Zeichnung als ein lebendiges Medium hat die Jury einstimmig für ihr Werk eingenommen. Dabei geht es nicht nur um die Zeichnung im Raum, ihre Entgrenzung oder Überschreitung des Papierraums, sondern vor allem auch um den konzeptuellen Entstehungsprozess, sei er analog oder digital. Unter dem Motto „Where the Drawings Live" präsentiert die Künstlerin im Harzen-Kabinett eine raumgreifende Installation, in deren Mittelpunkt ihre grafischen Arbeiten, Collagen und Filme stehen. Ferrario versteht ihre Ausstellung als offenen Prozess, der nicht nur Einblicke in ihre Atelierarbeit, sondern vor allem die Verbindung zwischen den einzelnen Medien aufdeckt, in denen ihre Figuren – seien es gezeichnete oder reale im Film – agieren. Indem sie ihre Grafiken nicht einfach an die Wand hängt, sondern in eine bühnenartig gebaute Szenerie einbettet, schafft sie einen ganz eigenen Kosmos verschiedener Charaktere, die aufeinander reagieren und miteinander in Beziehung treten. Sie werden – so die Künstlerin – zu Persönlichkeiten, die im Ausstellungsraum auf Augenhöhe mit dem Publikum auftreten und „leben".

Aufgewachsen in Italien, Rumänien und Deutschland, spielen biografische, kulturelle und gesellschaftliche Erfahrungen und Beobachtungen von ihren Reisen eine wichtige Rolle in der künstlerischen Arbeit von Serena Ferrario. In ihren installativen Arbeiten integriert sie gefundenes Material mit Zeitungsausschnitten, Objekten und schwarz-weißen Filmbildern. Die Ausstellung dokumentiert nicht nur die verschiedenen Facetten von Ferrarios Werk, sondern wirft mit der Frage „Where the Drawings Live" explizit einen Blick „behind the scenes": von der Hinterfragung der eigenen Arbeit im Atelier bis hin zur Präsentation im öffentlichen Raum und den Reaktionen des Publikums.

Ganz besonders möchten wir Serena Ferrario für ihr großes Engagement bei der Vorbereitung der Ausstellung und der Gestaltung des Katalogs danken. Mit ihrer raumgreifenden Installation im Harzen-Kabinett zeigt sie auf eindrucksvolle Weise, dass Grafik und insbesondere die Zeichnung mehr kann, als nur an der „Wand zu hängen". Unser Dank gilt zuerst der Claus Hüppe-Stiftung, vertreten durch ihren Vorstand Anna-Julia Reinking, für die großartige Unterstützung nicht nur des Preises, sondern auch der Ausstellung und des Katalogs. Den Mentor*innen Prof. Ulla von Brandenburg (Staatliche Akademie der Bildenden Künste Karlsruhe), Prof. Daniele Buetti (Kunstakademie Münster), Prof. Marcel van Eeden (Staatliche Akademie der Bildenden Künste Karlsruhe), Prof. Kyung-hwa Choi-Ahoi (Weißensee Kunsthochschule Berlin), Nadine Fecht (ehemals Hochschule für Bildende Künste Braunschweig), Prof. Katharina Hinsberg (Hochschule der Bildenden Künste Saar), Prof. Peter Kogler (Akademie der Bildenden Künste München) und Prof. Christoph Ruckhäberle (Hochschule für Grafik und Buchkunst Leipzig) danken wir für ihre Nominierungsvorschläge und den Juror*innen Dr. Jenny Graser (Staatliche Museen zu Berlin – Preußischer Kulturbesitz, Kupferstichkabinett), Dr. Matthias Mühling (Lenbachhaus München), Rik Reinking (WAI Woods Art Institute Wentorf), Dr. Petra Roettig und Dr. Andreas Stolzenburg (Hamburger Kunsthalle, Kupferstichkabinett) für ihr engagiertes und fachkundiges Urteil. Dem Kerber Verlag, der bereits die früheren Grafikpreis-Publikationen betreut hat, sei für die erneute gute Zusammenarbeit gedankt. Leona Marie Ahrens und Alexandra Wach danken wir für ihre Textbeiträge im Katalog. Dem Team der Hamburger Kunsthalle sei für die engagierte Begeisterung bei den Vorbereitungen der Ausstellung gedankt.

Alexander Klar
Direktor der
Hamburger Kunsthalle

Petra Roettig
Leitung Sammlung
Kunst der Gegenwart

Serena Ferrario is the seventh recipient of the Horst Janssen Graphic Art Prize of the Claus Hüppe Foundation, which this year is being awarded for the first time at the Hamburger Kunsthalle. The renowned prize honors the extraordinary oeuvre of an outstanding artist while at the same time giving explicit emphasis to graphic art, the preferred medium of the artist Horst Janssen. Not only does the Hamburger Kunsthalle possess the most extensive collection of Janssen's works anywhere in the world but also, through numerous exhibitions and acquisitions, in recent years it has become a site of central importance for contemporary graphic art. The goal, through ongoing dialogue with universities and academies, is to support young and emerging artists, and to discover new positions in graphic art. The awarding of the 7th Horst Janssen Graphic Art Prize is accordingly not only a propitious event for our museum, but also a unique accolade for the graphic arts.

Serena Ferrario's multimedia installations begin with the graphically oriented investigation that is clearly evident even in her black-and-white films. Her special perspective with regard to drawings as a living medium convinced the jury to decide unanimously in favor of her oeuvre. Here it is a matter not only of the drawing in its spatial context, its delimitation or transcendence of the physical space of the paper, but also and especially of the process of conceptual development, whether analogue or digital. Under the motto "Where the Drawings Live," the artist is presenting in the Harzen-Kabinett a space-encompassing installation whose focus is on her graphic works, collages, and films. Ferrario considers her exhibition to be an open process that not only conveys insights into her work in the studio, but also brings to light in particular the connection between the individual media in which her figures—whether drawn images or real filmic characters—perform their actions. Inasmuch as she does not simply hang her graphic works on the wall but instead embeds them within a setting constructed in resemblance to a stage, she creates an utterly unique cosmos populated by various characters that react to each other and sometimes enter into mutual relationships. The artist remarks that they become personalities who make their appearance in the exhibition space and "live" on a par with the visiting public.

Serena Ferrario grew up in Italy, Romania, and Germany; biographical, cultural, and social experiences and observations from her travels play an important role in her artistic work. In her installational works, she integrates found material with newspaper clippings, objects, and black-and-white film images. The exhibition not only documents the various facets of Ferrario's oeuvre but also, with the question "Where the Drawings Live," takes an explicit look behind the scenes: from a critical attitude towards her own work in the studio all the way to its presentation in a public setting and the reaction of viewers.

We would like to especially thank Serena Ferrario for her enthusiastic involvement in the preparation of the exhibition and the design of the catalogue. With her space-encompassing installation in the Harzen-Kabinett, she impressively demonstrates that graphic art, and drawings in particular, can do more than simply "hang on the wall." Our thanks go in particular to the Claus Hüppe Foundation, represented by its director Anna-Julia Reinking, for the splendid support regarding not only the award, but also the exhibition and catalogue. We are grateful to the mentors Professor Ulla von Brandenburg (State Academy of Fine Arts Karlsruhe), Professor Daniele Buetti (University of Fine Arts Münster), Professor Marcel van Eeden (State Academy of Fine Arts Karlsruhe), Professor Kyung-hwa Choi-Ahoi (Weißensee Academy of Art Berlin), Nadine Fecht (formerly Braunschweig University of Art), Professor Katharina Hinsberg (Saar College of Fine Arts), Professor Peter Kogler (Academy of Fine Arts Munich), and Professor Christoph Ruckhäberle (Academy of Fine Arts Leipzig) for their nomination proposals, and to the jurors Dr. Jenny Graser (State Museums of Berlin – Prussian Cultural Heritage, Museum of Prints and Drawings), Dr. Matthias Mühling (Lenbachhaus Munich), Rik Reinking (WAI Woods Art Institute Wentorf), and Dr. Petra Roettig and Dr. Andreas Stolzenburg (Hamburger Kunsthalle) for their conscientious and knowledgeable evaluations of the candidates' works. After yet another successful collaboration, we again thank Kerber Verlag, which has already taken care of past publications regarding the Graphic Art Prize. An expression of gratitude goes to Leona Marie Ahrens and Alexandra Wach for their textual contributions to the catalogue. And we thank the team of the Hamburger Kunsthalle for their dedicated commitment during the preparations for the exhibition.

Alexander Klar Director of the Hamburger Kunsthalle	Petra Roettig Head of the Collection Contemporary Art

Alexandra Wach

Zeichnen ist ein Dialog, und der wird wahrscheinlich niemals konzentrierter geführt, als wenn das Gegenüber des Zeichnenden etwas ist, was ihm ähnelt: ein Mensch. Serena Ferrario ist fasziniert von den Personen, die ihr begegnen, ob jung oder alt, es interessiert sie, was ein Individuum ausmacht, wie es die anderen wahrnimmt, wie es sich in seiner Sicht auf die Dinge beeinflussen lässt. Ob auf Papier oder Pappe, gehängt an der Wand oder untergetaucht zwischen Kartons und Papierschnipseln im Durcheinander des Ateliers, man bekommt eine Ahnung von den zerbrechlichen Körpern, die sie aus feinsten Schraffuren zusammensetzt. Sie zeigt ihre Falten, traurig-müde Augen und andere Spuren eines nicht immer sorglosen Lebens. In ihre Figurationen fließen neben einer seismografischen Sensibilität für die Tektonik des Charakters auch stets die situativen Umstände ein: Man kann an der Kleidung ablesen, ob ihr die Figuren auf der Straße, am Strand, beim Tanzen begegnet oder von einer alten Fotografie inspiriert sind, man merkt ihnen auch an, dass sie aus der Erinnerung kommen müssen. Wenn sie zeichnet, so scheint es, braucht es kein anderes Dach überm Kopf. Es macht auch nichts, dass das Personal ihres imaginären Zuhauses kommt und geht, dass es aus vielen Kulturen stammt und sie nicht immer weiß, wohin es den einen oder anderen verschlägt. Denn in ihrem Fall eines „third culture kid", so der soziologische Fachbegriff, kann der Mittelpunkt des Lebens an vielen Orten liegen.

Edvard Munch und sozialistische Pioniere

Die ihre Stimmung nicht verbergenden Menschen bleiben immer Fragment genug, um universell zugänglich zu sein, in all ihrer Determiniertheit durch äußere Faktoren. Andere Figuren, getragen von einer leisen Anarchie, driften auch schon mal ins utopisch Märchenhafte ab, mit einer mütterlichen Sonne über dem Kopf, schlecht gelaunten Meeresungeheuern und ängstlichen Kindern, die aus einem Gemälde von Edvard Munch zu uns herüberschauen. Es sind auch geisterhafte Köpfe auf winzigen Faltkarten zu finden, satirische Beobachtungen von Familien, die alle mit dem gleichen verbitterten Gesicht schlechte Stimmung verbreiten, Jugendliche in der Pose von sozialistischen Pionieren, man muss aufpassen, dass man in den zu wuchernden Installationen arrangierten Schichten nicht den Blick fürs Detail verliert, wie auf den Gemälden eines Hieronymus Bosch, die in ihrer narrativen Fülle dem Sehsinn höchste

Alexandra Wach

Drawing is a dialogue—one that is probably never conducted with more concentration than when what is opposite the drawer is something resembling him or her: namely, a person. Serena Ferrario is fascinated by the people whom she encounters, whether young or old. She is interested in what characterizes a particular individual and how they are perceived by others, and she can be influenced by that person's personal perspective on things. Whether the drawing is done on paper or cardboard, is hung on the wall or submerged amid boxes and scraps of paper in the clutter of the studio, one gains a sense for the fragile bodies that Ferrario composes out of extremely delicate hatching. The artist shows their wrinkles, their sad or tired eyes, and other traces of lives not always free from cares. Flowing into her figuration in addition to a seismographic sensitivity for the tectonics of a particular character are also always the situational circumstances. One can deduce from the clothing whether she met these figures on the street, at the beach, while out dancing, or whether they were inspired by old photographs; one also notices that the figures most certainly come from recollection. It seems that when Ferrario draws, there is no need for any other roof above one's head, nor does it matter that the personnel of her imaginary domicile come and go, that they are rooted in many cultures, and that she does not always know what the individuals' destinations might be. Because in her case, that of a "third culture kid"—the relevant sociological term—the central focus of a person's life can be located in many places.

Edvard Munch and Socialist Pioneers

The persons who do not conceal their moods always remain sufficiently fragmentary that they are universally accessible, amid their state of being determined by external factors. Other figures, carried along by a quiet anarchy, also sometimes drift off into utopian fable, with a motherly sun above their heads, ill-tempered ocean monsters and fearful children who gaze at us from a painting by Edvard Munch. Also to be found on tiny folding maps are phantasmal heads, satirical observations of families who radiate a collective bad mood with similarly embittered faces, youths in the pose of socialist pioneers; one must take care not to lose an eye for detail amid the levels arranged into proliferating installations, as in the paintings of an artist like Hieronymous Bosch which,

Schärfe abverlangen. Frühere Bezüge und Lesarten werden mitverknüpft, das Erreichte wird bei jedem Ausstellen neu arrangiert – souverän oder doch mit Sinn für die Herrschaft des Zufalls?

Ob Ferrario in der Fantastik intuitiv einen Ausgleich sucht? Ihr Vorrat an Gesichtern scheint jedenfalls unerschöpflich zu sein, so wie die globale Zahl der nomadischen Biografien verlässlich wächst, von Menschen, die in der Fremde ähnliche Erfahrungen teilen. „Ich sehe mich als eine Art Archivarin verschiedenster Lebensansätze", sagt die Künstlerin. „Für mich gibt es auch nicht wirklich ein abgeschlossenes Werk. Es ist immer ein Teil einer größeren Angelegenheit, und wenn ich einen Teil erst mal angepackt habe, eine Ausdrucksform gefunden habe, die für diesen Bereich passt, dann fange ich an, Visionen zu haben, wie dieses Teil mit anderen Teilen in der Zukunft interagieren wird. Es ist im Grunde wie eine Begegnung mit einem Menschen, die in einem etwas Besonderes ausgelöst hat. Diese Begegnung vergisst man meist nicht so schnell wieder."

Interkulturelle Fundgrube

Das stetig wachsende Archiv nimmt inzwischen die Form einer interkulturellen Fundgrube an, inspiriert von der spielerischen Art eines Christian Boltanski oder Mike Kelley im Umgang mit dunklen Themen, ohne dass das Pendel jemals in Richtung Albtraum umschlagen würde. Zeichnungen sind dabei zwar nur ein Medium von vielen. Wenn sie aber auf die Videos, Siebdrucke, Collagen, Fotokopien oder Möbelobjekte treffen, orchestrieren sie diese hybriden Landschaften zu einem in sich greifenden Ganzen. Außer den Zeichnungen und Fotografien stapeln sich auch selbst gedrehte Schwarz-Weiß-Videoaufnahmen in Ferrarios Atelier. Sie orientieren sich an einer dokumentarischen, ungeschliffenen Variante des Montierens und sind damit bewusster Teil ihres Konzepts des Skizzenhaften, eines Arbeitens, dessen Ergebnisse „nie sauber, schön und glatt aussehen werden". Meistens entstanden die Aufnahmen in ihren Herkunftsländern: Italien und Rumänien, flankiert von Deutschland, Türkei und Bulgarien.

Lenkt Farbe vom Eigentlichen ab? Die Verunsicherung, die Ferrario jedenfalls damit erreicht, die Welt von der Farbe zu abstrahieren, ist auch den scheinbar banalen Motiven zu verdanken, die in der

in their narrative abundance, require extreme acuity from the faculty of vision. Earlier references and readings are linked with each other; what has been reached is freshly arranged with each exhibition—with deliberate mastery or with a sense for the predominance of coincidence?

Could it be that Ferrario intuitively seeks a compensating equilibrium through the fantastical element? In any case, her supply of faces seems to be inexhaustible, just as the global number of nomadic biographies grows reliably with regard to those persons who share similar experiences in foreign lands. "I see myself as a sort of archivist of highly diverse approaches to life," says the artist. "And for me a completed work truly does not exist. It is always part of a more extensive situation; and when I have initially grasped one part, have found a form of expression that is suitable for this area, then I begin to have visions how this part will interact with other parts in the future. It's basically like an encounter with a person who has triggered something special in you. Usually you don't forget an encounter like that so quickly."

Intercultural Repository

The constantly growing archive has in the meantime taken on the form of an intercultural repository, inspired by the playful manner of artists like Christian Boltanski or Mike Kelley in handling dark themes without the pendulum swinging only in the direction of nightmare. In this context, drawings are just one medium among many. But when they encounter the videos, screenprints, collages, photocopies, or items of furniture, they orchestrate this hybrid landscape into a whole that reaches within itself. In addition to drawings and photographs, Ferrario's studio also contains black-and-white video recordings that she made herself. They are oriented towards a documentary, unpolished variant of mounting and are thereby a deliberate part of her concept of the schematic, a manner of working whose results "will never look clean, beautiful and smooth." The video recordings are most often made in the countries of her origin: Italy and Romania, flanked by Germany, Turkey and Bulgaria.

Does color distract from what is essential? The uncertainty that Ferrario thereby attains, the abstracting of the world from color,

Verfremdung ihre symbolische Bedeutung steigern. Unbekanntes Terrain möchte sie bei ihren Reisen nicht erforschen. Um das Gefühl, als Gast wahrgenommen zu werden, geht es ihr nicht, da sie es aufgrund ihrer Biografie zur Genüge kennt, das Hin- und Herziehen und nie wirklich Ankommen. Auch ein Zurück gelingt nicht mehr, wenn sie etwa in Sizilien einen Blickwinkel einnimmt, der von Nähe, aber zugleich auch kritischer Distanz geprägt ist. Was sie immer wieder dazu motiviert, an die temporären Orte ihrer Kindheit und Jugend zu fahren, ist die Neugier darauf, wie sich die ihr vertrauten Menschen veändert haben. Haben sie ihre Überzeugungen aufgegeben? Hat sich ihr Verhältnis zu ihr verändert?
Sind sie gegenseitig neidisch aufeinander? Lassen sich Fernbeziehungen überhaupt aufrechterhalten? Die Erzählung von diesen möglichen Leerstellen ist keineswegs eine Klage, sondern eher ein fortschreitender Prozess von Gewinnen und Verlusten.

Scheitern als ewige Konstante

Und doch – über allem, was Ferrario filmisch zur Anschauung bringt, schwebt ein verdunkelter Himmel der Melancholie. Denn das Scheitern bleibt im Leben ihrer Protagonist*innen eine ewige Konstante. „Es ist egal, wie viel man strampelt oder versucht, so zu sein wie die anderen", sagt sie, „man wird irgendwann sowieso als Fake entlarvt, oder es kommt die Erkenntnis, dass man stärker ist, wenn man nicht die eigenen Schwachstellen vertuscht, versteckt, sich dafür schämt oder versucht, sie glatt zu bügeln." Ihre Zeichnungen sieht sie als Sinnbild für diesen inneren Zustand, den Kampf um den Mut, „Unfertiges" zu zeigen, lange bevor man das Gefühl hat, es fehlte nichts mehr, um die „Gezeichneten in der Begegnung mit anderen Medien ihren eigenen, unvorhersehbaren Weg gehen zu lassen".

Der dritte Teil der raumfüllenden Video-Serie We did this for thousand years (2018) etwa beginnt mit einer Fahrt in einem transparenten Aufzug. Die Kamera fokussiert in der Ferne auf Ceaușescus monströsen Palast in Bukarest, untermalt von einem bedrohlichen Soundstück des Musikers André Jüchems. Auf das gigantomanische Verwaltungsgebäude als Indikator einer totalitären Vergangenheit folgen ein Grüppchen Straßenarbeiter, voneinander abgewandt oder in sich versunken, und Hände, die in einem Berg aus Wohnungs-

is also due to the apparently commonplace motifs which, in their distortion, are enhanced with respect to their symbolic significance. She does not seek to explore unknown terrain during her travels. She is not concerned with the feeling of being perceived as a guest, because on the basis of her biography she well knows the movement back and forth, never the genuine arrival. Nor is a return any longer possible when, for example, in Sicily she takes up a perspective that is marked by proximity but simultaneously also by a critical distance. What repeatedly motivates her to travel to the temporary sites of her childhood and teenage years is the curiosity as to what changes have occurred in the people with whom she is familiar. Have they relinquished their convictions? Has their relationship to her changed? Are they jealous of each other? Is it even possible to maintain long-distance relationships? The narration of these possible blanks is in no way a lament but instead an ongoing process of gains and losses.

Failure as an Eternal Constant

And yet—above everything that Ferrario ushers into filmic presentation, there hovers a darkened sky of melancholy. Because in the lives of her protagonists, failure remains a constant. "No matter how much you thrash about or try to be like the others," she observes, "at some point or other you're in any case revealed to be a fake; or there is a recognition that you are stronger when you don't hide or gloss over your own weak points, when you aren't embarrassed or try to smooth them over." She considers her drawings to be a symbol for this inner state of mind, this struggle to find the courage to reveal the "unfinished," long before a person has the feeling that nothing more is lacking, in order to "allow what has been turned into a drawing to proceed along its own, unpredictable path in the encounter with other media."

The third part of the space-encompassing video series We did this for thousand years (2018), for example, begins with a journey in a transparent elevator. The camera focuses from afar on Ceausescu's monstrous palace in Bucharest, accompanied by a menacing soundtrack composed by the musician André Jüchem. The gigantic administrative building, the indicator of a totalitarian past, is followed by a little group of street workers, gazing away from

müll wühlen. Der nächste Schnitt entführt unter verfremdetem Glockengeläut auf eine Bühne aus Zeichnungen, in die eine Hand in der Rolle eines deus ex machina eingreift und die Positionen der Akteure bzw. Akteurinnen verändert. Dann sorgen mitten im städtischen Umfeld fischende Männer für einen surrealen Irritationsmoment.

Im Strudel der Bilder

In welchem Land und welcher Zeit man sich gerade befindet, bleibt ohne konkrete Anhaltspunkte ein Geheimnis. Das Geschehen verschachtelt sich zunehmend, Jugendliche tauchen vor einem Zugfenster an der Peripherie auf, blicken mal verzweifelt, mal herausfordernd in die Richtung der sie filmenden Unbekannten, verwandeln sich in Zeichenfiguren, um von einem Filmpanorama im Meer schwimmender Tourist*innen abgelöst zu werden. Im Strudel der Bilder tauchen Augenblicke der nachbarschaftlichen Hilfe auf, Erzählungen zwischen Naturmeditation, Reisereportage und Comédie humaine. Dazwischen kommunizieren die Gezeichneten mit den Charakteren aus den Videoszenen und sorgen für das Fortspinnen der Geschichte, „die nicht weiter gefilmt, fotografiert oder gezeichnet werden kann“. Gerade weil der emotionale Aggregatzustand der Episoden ebenso wie der klanglichen Quellen schwankt, entwickelt diese unsystematische Recherche nach den Ursprüngen des eigenen Selbst einen hypnotischen Sog.

Das gilt auch für die dreiteilige Video-Serie Ciao Bella (2018–2020). Wie Ferrario den sizilianischen Alltag einfängt, hat wenig mit Urlaubsidylle zu tun. Sie lässt die Einheimischen, darunter auch Kindheitsgefährt*innen und Familienmitglieder, zu Wort kommen, stellt ihnen Fragen nach ihrer Lebenssituation und lenkt das Gespräch auf Schieflagen, die von der Politik ignoriert werden. Eine Freundin erzählt von katastrophalen Verhältnissen im Gesundheitssystem, fehlenden Zukunftsperspektiven, von Träumen, die unter den herrschenden Bedingungen nicht zu realisieren sind. Im aktuellen dritten Teil sieht man erst aus der Ferne einsame Spaziergänger, dann Palmen, die am zugemüllten Strand vorzeitig verwelken, so wie die Menschen, die von ihrer Existenz neben einem petrochemischen Betrieb berichten.

each other or sunk in thought, along with hands rooting around in a huge heap of domestic waste. The next section, marked by the distorted sound of bells ringing, conducts the viewer onto a stage, replete with drawings, into which a hand reaches in the role of a deus ex machina and alters the position of the actors. Then footage of men fishing amid an urban environment provides a moment of surreal perturbation.

In the Whirlpool of Images

Due to the lack of concrete indications, it remains a mystery as to which country and time one finds oneself in. The events become increasingly interwoven. Young people come into view in front of a train window at the periphery and gaze, sometimes despairingly, sometimes demandingly, in the direction of the unknown individual filming them; then they are transformed into cartoon characters who are subsequently superseded by a filmic panorama of tourists swimming in the ocean. Emerging from the whirlpool of images are moments of neighborly assistance, narratives oscillating between nature meditation, travel reportage, and comédie humaine. In between, the drawn figures communicate with the characters from the video scenes and thereby see to the continuation of the story, "which can neither be filmed, photographed, or drawn." Precisely because the emotional aggregate state of the episodes fluctuates just like the acoustic sources, this unsystematic investigation into the sources of one's own self develops a hypnotic attraction.

This is also true of the tripartite video series Ciao Bella (2018–2020). The manner in which Ferrario captures Sicilian daily life has very little to do with an idyllic vacation. She lets the local inhabitants, including childhood friends and members of her family, speak as she asks questions about their living conditions and directs the conversation towards difficulties that are ignored by politics. A girlfriend tells of the catastrophic situation in the healthcare system, the lack of future opportunities, and the dreams that can never be realized under the predominant circumstances. In the current third part, one sees first solitary walkers at a distance, then palms prematurely wilting on a beach strewn with garbage, along with people who tell of their fraught existence alongside a petrochemical plant.

Versagen der staatlichen Infrastruktur

Da die Filtersysteme der Hotelkläranlagen nicht funktionieren, sei das Meerwasser verschmutzt. Kaum jemand spräche darüber, weil die meisten auf die Jobs angewiesen seien. Ferrarios Erinnerungen an das frühe Glück am Strand verdüstern sich mit jeder Aufnahme, die sie von nicht weggeräumten Abfällen macht – ein Versagen der staatlichen Infrastruktur, das sie desillusioniert einfängt, während sie später in einer von der Cosa Nostra dominierten Straße darauf hingewiesen wird, das Filmen aus dem Auto besser zu unterlassen, um keinen Streit zu provozieren. Trotz all der seit Generationen bekannten Konflikte geht das Leben scheinbar unberührt weiter, die Fischer fahren aufs Meer hinaus, ältere Paare sonnen sich auf Felsen.

„Alles, was vom Meer angeschwemmt wird“, sagt Ferrario, „haben wir irgendwann da reinfallen lassen. Und ich will, dass wir da hinschauen und nicht wegsehen. In den Videoszenen sind meistens Orte zu sehen, an denen Menschen zusammen verweilen, um sich zu entspannen, oder Orte, an denen sehr viel passiert und alle irgendwelchen Ritualen nachgehen (müssen). Ich suche nach gesellschaftlich vorgegebenen Vorstellungen davon, wie man leben sollte, als Frau, als Vater, als Fotograf*in. Ich möchte festhalten, was und warum wir Sachen machen, was unsere Motivation und was unsere Ausreden für manche komischen Entscheidungen sind. Ich suche auch nach Widersprüchen, aber nicht, um die Leute bloßzustellen, sondern um einfach zu zeigen, dass das eben kompliziert ist. Wir stecken alle in so vielen Konstrukten, die nicht einfach aufzubrechen sind.“

Kunst als die Zukunft des Verstehens und der Veränderung, mit den Mitteln des Gehens, Beobachtens, mit Geschichtenerzählen und Zeichnen – gemeinsam ist diesen Handlungen das Entwickeln verwinkelter Linien, das Aufbrechen des geraden Weges. Das alles macht das Werk von Serena Ferrario aus, in einer Welt, die nicht nur aus Dingen und Orten besteht, sondern aus Menschen, die in dem unbestimmten Wirrwarr Verbindungen zu sich und den anderen herstellen müssen.

Breakdown of the State Infrastructure

Since the filter systems of the hotel sewage treatment plant do not work properly, the salt water has been polluted. Almost no one speaks about this, because most persons are dependent on their jobs in the tourist trade. Ferrario's memories of joyful childhood experiences on the beach become gloomier with each visual record that she makes of non-removed waste products—a breakdown of the state infrastructure that she captures with no surrender to illusion, while she is later admonished, in a street dominated by the Cosa Nostra, to leave off filming from the automobile to avoid causing a provocation. In spite of all these conflicts already known for generations, life seems to go on undisturbed: fishermen head out to sea, elderly couples sun themselves upon the rocks.

"Everything brought ashore by the ocean," says Ferrario, "is something we let fall into it at some time or other. And I want us to take a look and not turn away our gaze. What you see in the video scenes are mostly places where people gather for the sake of relaxation, or places where a lot has happened and everyone [must] pursue some sort of ritual. I look for socially prescribed indications of how one is supposed to live: as woman, as father, as photographer. I seek to record what we do and why we do it, what our motivation is and what our excuses are for a number of comical decisions. I also look for contradictions—but not in order to expose people, simply for the purpose of showing that the situation is complicated. We are all stuck in so many constructs that can't easily be escaped from."

Art as the future of comprehension and transformation, with the means of going and observing, through telling stories and drawing—what is common to all these activities is the development of contorted lines, a departure from the straight and narrow path. All of this is characteristic of the oeuvre of Serena Ferrario, in a world that consists not only of things and places, but also of people who, amid the indefinite confusion, must establish connections both to themselves and to others.

Filmstills: We did this for thousand years, Part III, 2018

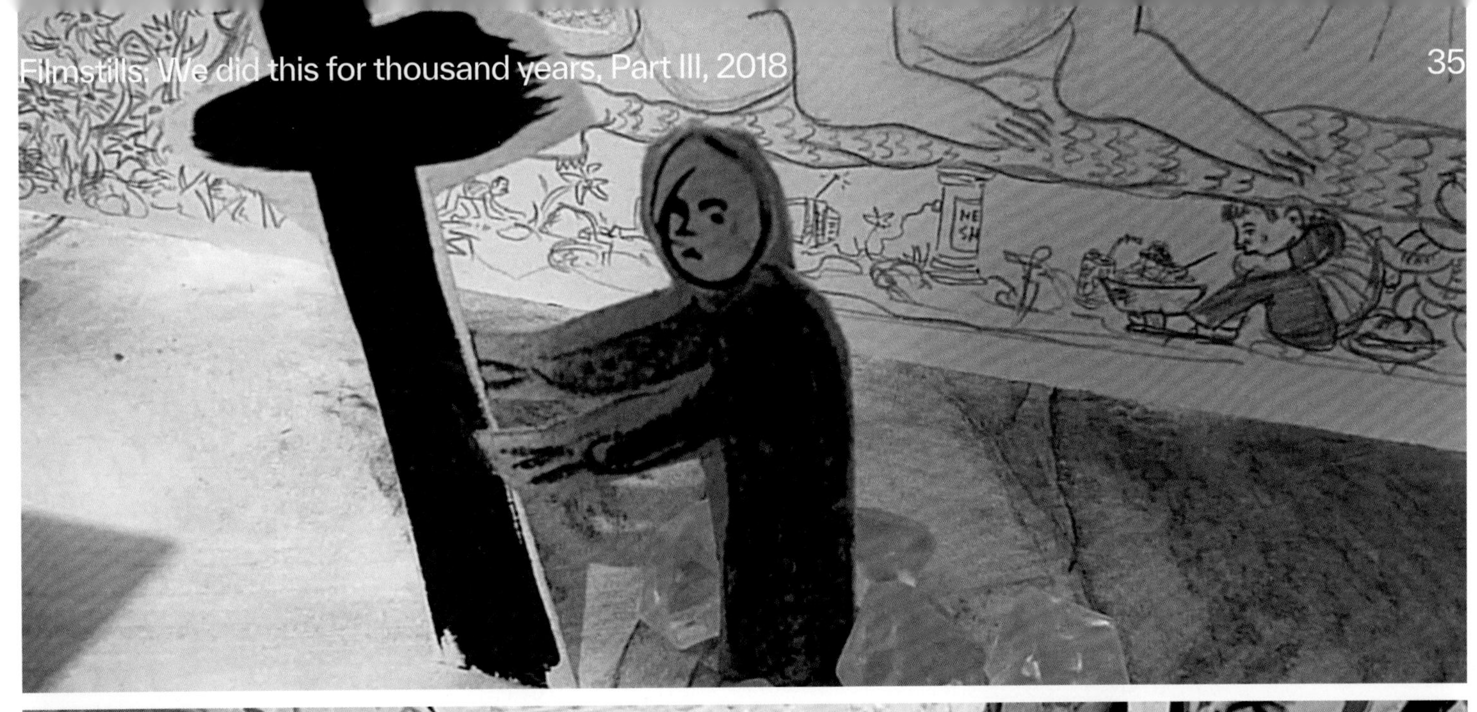

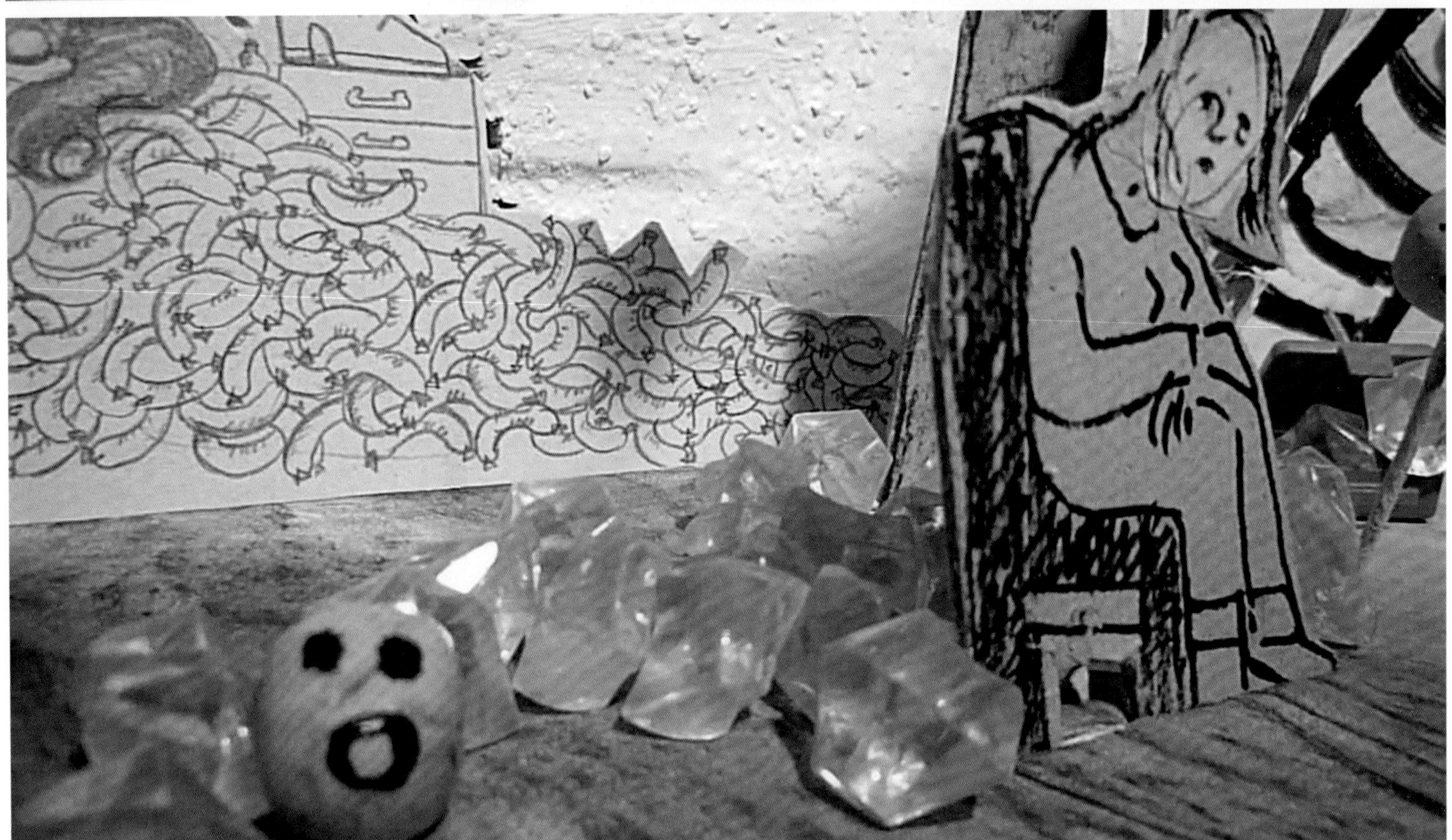

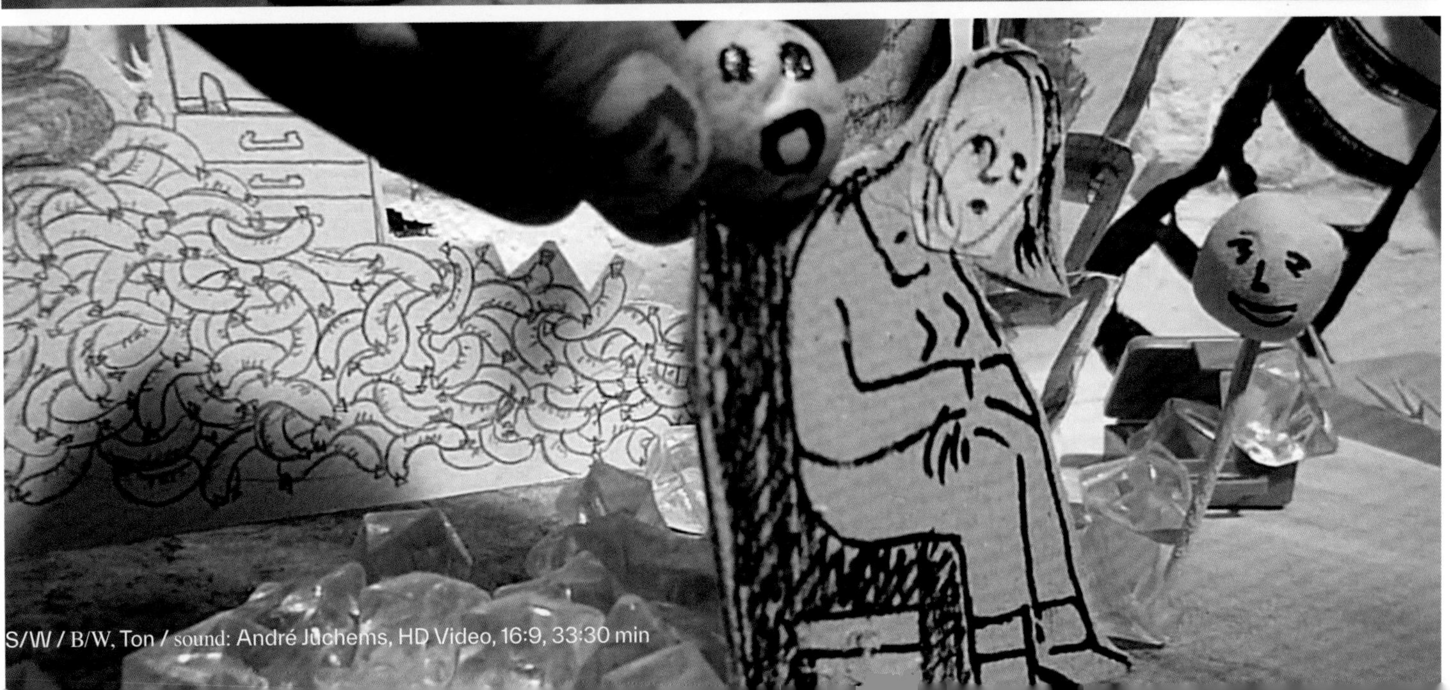

S/W / B/W, Ton / sound: André Juchems, HD Video, 16:9, 33:30 min

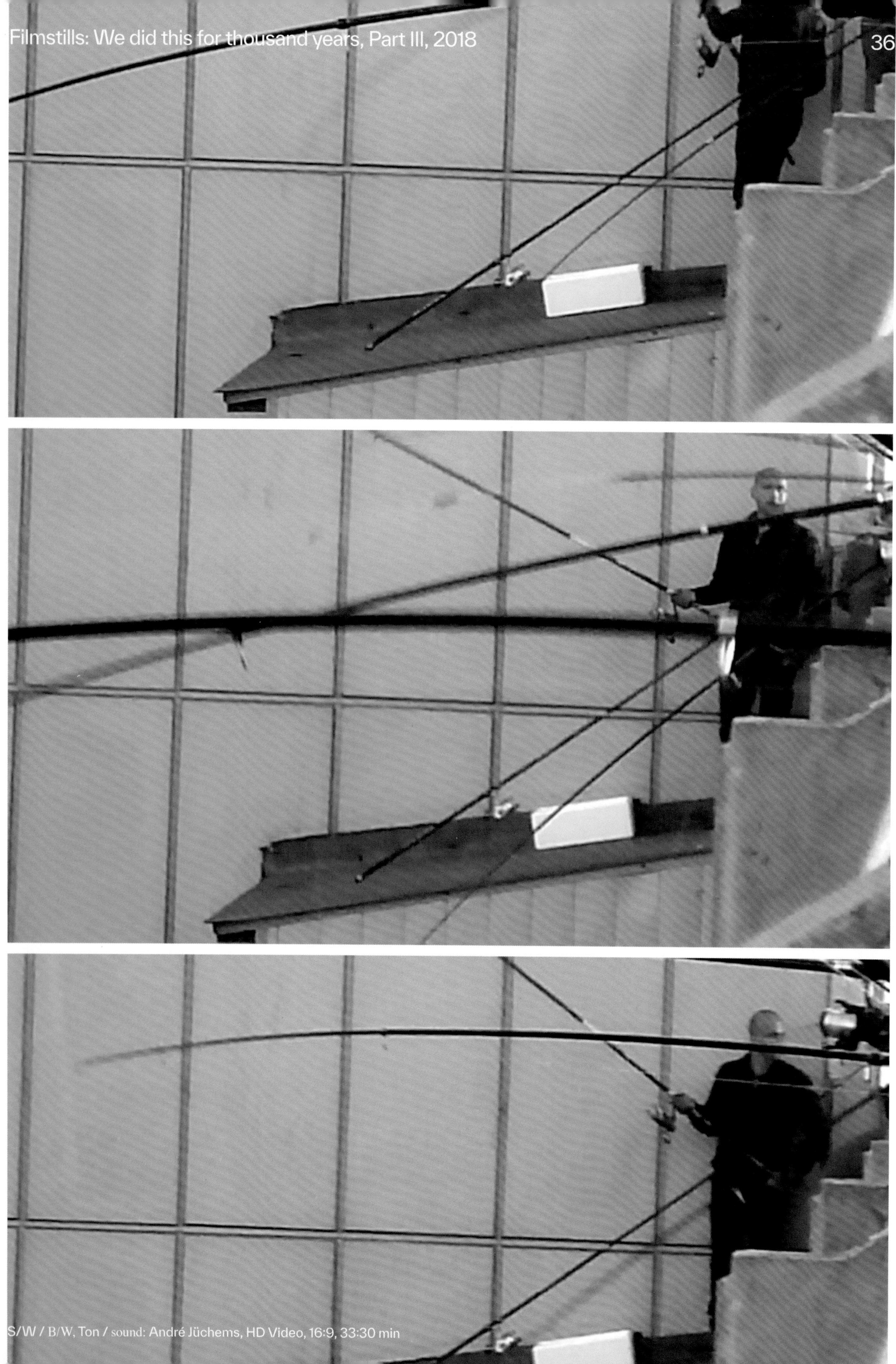

S/W / B/W, Ton / sound: André Jüchems, HD Video, 16:9, 33:30 min

Leona Marie Ahrens

„Ding-Macht verweist auf die merkwürdige Fähigkeit gewöhnlicher, von Menschen geschaffener Gegenstände, über ihren Objektstatus hinauszuwachsen und Ansätze der Unabhängigkeit und Lebendigkeit zu entfalten […].“[1]

Zwischen schäbig wirkenden Holzkonstruktionen, Lichterketten und Schirmen getürmt, aneinandergelehnt, zwischen Texten, Büchern oder CDs arrangiert. „Where the Drawings Live“ ist das Thema dieser Ausstellung: nicht, wo die Zeichnungen hängen, sich befinden oder lagern, sondern wo sie leben. Bei Serena Ferrario leben sie in ihrem Atelier, in Koffern, in Ausstellungsräumen, auf Tischen und Stegen, direkt auf der Wand oder auf Tonkugeln, auf dem Boden und an Leinen von der Decke hängend. Sie haben viele Lebensorte, gliedern sich ein zwischen Materialien wie Alufolie, Styropor, Gold- und Transparentfolie oder Dingen wie neongrünen Steinen, Plastikpalmen, leeren Getränkedosen und kleinen Spielfiguren. Ihre Collagen und Assemblagen arrangiert sie zu raumgreifenden, multimedialen Installationen, zu vitalen Raumgefügen. Doch worin genau besteht diese Vitalität?

Zunächst sind Ferrarios oftmals figürliche Zeichnungen ihre ständigen Gefährt*innen[2], die den Objektstatus verlieren und für sie zu lebendigen Dingen werden. Ihre Ding-Zeichnungen umgeben sie in ihrem Atelier, zu Hause und auf ihren Reisen: gestapelt, an die Wände gelehnt oder geheftet. Sie bilden Gefüge und lösen sich wieder auf, verschwinden in Koffern, um zu anderen Zeitpunkten wieder in neuen Konstellationen zum Vorschein zu kommen.

Bezug nehmend einerseits auf Bruno Latours Akteur-Netzwerk-Theorie, in der er die Subjekt-Objekt-Trennung aufzulösen versucht, indem er das Zusammenwirken von menschlichen Akteur*innen und Dingen als Aktanten in Handlungsnetzwerken fokussiert, sowie andererseits auf den philosophischen Begriff des „Gefüges“ von Gilles Deleuze und Félix Guattari,[3] entwickelt Jane Bennett als Vertreterin des Neuen Materialismus ihren Ansatz der „Ding-Macht“ und des Handlungsvermögens eines Gefüges: „Gefüge sind ad hoc entstehende Gruppierungen unterschiedlicher Elemente, lebhafter Materialien aller Art. Gefüge sind lebendige, pulsierende Bündnisse […].“[4]

Leona Marie Ahrens

"Thing-power gestures toward the strange ability of ordinary, man-made items to exceed their status as objects and to manifest traces of independence or aliveness [...]."[1]

Piled up between seemingly shabby wooden constructs, strings of lights and umbrellas; arranged between texts, books, or CDs. "Where the Drawings Live" is the theme of this exhibition: not where the drawings hang, are situated or stored, but where they live. In the case of Serena Ferrario, they live in her studio, in suitcases, in exhibition spaces, upon tables or on walkways, directly on the wall or on clay spheres, on the floor or hanging on cords from the ceiling. They have many living-places, are integrated between materials such as aluminum foil, Styrofoam, or golden or transparent foil as well as between things such as neon-green rocks, plastic palms, empty beverage cans, and tiny toy figures. Ferrario arranges her collages and assemblages into space-encompassing, multimedia installations, into lively spatial structures. But of what, precisely, does this vitality consist?

Initially, Ferrario's often figural drawings are her constant companions,[2] which lose their status as objects and become living things for her. Her thing-drawings surround her in her studio, at home, and during her journeys: stacked, leaned up against the wall, or stapled together. They cohere into structures and disperse once again, disappear into suitcases only to reappear at other points in time in new constellations. In reference on the one hand to Bruno Latour's actor-network theory, in which he endeavors to cancel the separation between subject and object by focusing on the interaction between human protagonists and things as agents in networks of action, and on the other hand in reference to the philosophical concept of the "assemblage" formulated by Gilles Deleuze and Félix Guattari,[3] Jane Bennett, as a proponent of the New Materialism, develops her approach regarding "thing-power" and the capacity of a structure for action: "Assemblages are ad hoc groupings of diverse elements, of vibrant materials of all sorts. Assemblages are living, throbbing confederations [...]."[4]

In this context of a vital materialism, special attentiveness is directed towards materials, to the vitality of things and accordingly to the complex interrelationships between the human and the non-human—

Materialien, der Vitalität von Dingen und damit einhergehend dem komplexen Ineinandergreifen von Menschlichem und Nichtmenschlichem – im Gegensatz zur Hierarchie zwischen Mensch auf der einen und Tier/Pflanze/Ding auf der anderen Seite – wird in diesem Kontext eines vitalen Materialismus besondere Aufmerksamkeit geschenkt und ist ebenfalls ein wesentlicher Aspekt im künstlerischen Prozess von Serena Ferrario. Sie arbeitet mit ihrem Repertoire, das sich stetig verändert. Ihre Collagen und Assemblagen, ihre losen figürlichen Zeichnungen, Materialien und Dinge verknüpfen sich für jede Ausstellung zu neuen Gefügen. Ihre multimedialen Installationen entstehen vor Ort und lösen sich danach wieder auf, um sich beim nächsten Mal wieder neu zu ordnen oder auch zu chaotisieren.

Gerade Ferrarios filmisches Material, das sie in ihre Installationen integriert, verbindet dieses Konglomerat auf immer neue Weise. Besonders eindrücklich erscheint dieses Ineinandergreifen im Zusammenspiel von Film und Installation bei Where the Drawings Live (2021), da sich die diversen Wahrnehmungsebenen potenzieren und vitale Aspekte zum Vorschein bringen. Die Schattenspiele, die sich durch die Projektion auf den Arrangements ergeben, lassen neue Figuren entstehen, richten die Aufmerksamkeit stets auf andere Aspekte und beleuchten unterschiedliche Szenerien. Zusätzlich verändert der Sound die Atmosphäre der Raumgefüge: bedrohlich, skurril, flimmernd, ratternd …

Die Videoarbeit We did this for thousand years (2018) als Element der Installation in der Hamburger Kunsthalle, die aus fortlaufenden Teilen besteht, verknüpft Szenen, Situationen und Motive aus Ferrarios Atelier, aus Deutschland, Rumänien, Bulgarien und Italien zu Videocollagen in Schwarz-Weiß. Szenen verschiedener Kulturen, Alltagssituationen im Interieur, Vergangenes und Gegenwärtiges, gezeichnete und reale Charaktere, Dinge und Materialien: Alles setzt sich zu einem gleichwertigen Bezugssystem zusammen.

Eine Ansammlung von Dingen – es erinnert an Sperrmüll- oder Flohmarkt-Arrangements – wird von verschiedenen Menschen im Film geschichtet, auseinandergezogen und neu zusammengefügt. Gleichzeitig scheinen die Dinge ein Eigenleben entwickelt zu haben: Sie bewegen sich, arrangieren sich selbst. Dies richtet

in contrast to the hierarchy between human being on the one hand, and animal/plant/thing on the other; this alert focus is likewise a fundamental aspect of the artistic process of Serena Ferrario. She works with a repertoire that is constantly changing. Her collages and assemblages, individual figurative drawings, materials, and things conjoin for each exhibition into new structures. Her multimedia installations arise on site and subsequently disperse, thereupon to establish a new order the next time or to create a situation of chaos.

In particular, Ferrario's filmic material, which she integrates into her installations, connects this conglomerate in constantly new ways. This interpenetration in the interplay between film and installation is particularly impressive in Where the Drawings Live (2021), inasmuch as the diverse perceptual levels mutually enhance each other and bring energetic aspects to the fore. The shadow plays created through the projection onto the arrangements give rise to new figures, constantly direct attention towards other aspects, and illuminate different scenes. Moreover, the sound alters the atmosphere of the spatial structures: menacing, absurd, flickering, rattling…

As part of the installation at the Hamburger Kunsthalle, which consists of ongoing parts, the video work We did this for thousand years (2018) links scenes, situations, and motifs from Ferrario's studio, from Germany, Romania, Bulgaria, and Italy, into black-and-white video collages. Scenes of various cultures, everyday vignettes in interiors, past and present, drawn and real characters, things and materials: everything coheres into an equivalent relational system.

An accumulation of things—reminiscent of bulky refuse or flea-market arrangements—is stacked, pulled apart, and reassembled by various people, in the film. At the same time, the items seem to have developed a life of their own: they move around, arrange themselves. This directs the gaze also to the wandering and moving elements of the drawings and elements. Serena Ferrario often introduces into her structures items that have already passed through several layers of meaning, that have been ripped out of their context or have an extremely personal value of recollection for her, and are then interwoven into her arrangements in the current

den Blick auch auf die Wanderschaft und Bewegung der Zeichnungen und Elemente. Oftmals bringt Serena Ferrario Gegenstände in ihre Gefüge ein, die bereits mehrere Bedeutungsebenen durchlaufen haben, die aus dem Kontext gerissen werden oder für sie einen ganz persönlichen Erinnerungswert haben, und flicht sie in ihre Arrangements im Raum ein. So entstehen neue Bedeutungskontexte und -ketten. Oder, um es mit den Worten von Bennett zu umschreiben: „In diesem Gefüge erscheinen Objekte als Dinge [...], die sich nicht gänzlich auf die Kontexte reduzieren lassen, in denen (menschliche) Subjekte sie wahrnehmen, die also nie ganz aufgehen in ihrer Semiotik."[5]

Ferrario bewegt sich mit detaillierten Beobachtungen durch ihre Umwelt, überträgt Charaktere in ihren eigenen gezeichneten Kosmos, hält mit der Kamera auf Szenen und Dinge, die am Ende wieder in Szenerien aus aufgestellten figürlichen Zeichnungen oder als reales Material und Ding im Raumgefüge auftauchen. Fiktion und Realität, Zeichnung und Film, Alltagsgegenstände, Souvenirs, Spielzeug oder auch „Abfall" im eigentlichen Sinne lassen eine neue, teilweise bühnenartige Welt entstehen.

Insgesamt erinnert die Arbeitsweise Ferrarios an das Vorgehen des Künstlers Georges Adéagbo, der täglich seine Assemblagen im Garten, im Atelier, zu Hause, in Hotelzimmern arrangiert und am Ende des Tages wieder auflöst. Es handelt sich um einen ständigen Prozess des Sammelns, Zusammenfügens und Trennens, das stetig neue Verknüpfungen hervorruft. Dieser Prozess ist nie abgeschlossen und lässt die Dinge immer nur temporär in den Gefügen verweilen. Auch in Ausstellungshäusern orientiert er sich an den Räumlichkeiten vor Ort, integriert Dinge von dort, aus seinem Heimatland Benin, aber auch persönliche Gegenstände, Fotografien oder selbst geschriebene Texte. Besonders interessant ist in seinen installativen Assemblagen die Aufhebung von Kategorien: Es gibt keine geografische oder kulturelle Strukturierung. Aus einer transkulturellen Perspektive verbindet er kulturell diverse Gegenstände in seiner Ästhetik.[6] Auf Reisen nähert sich Adéagbo fremden Orten durch archäologische Erkundungen: „Archaeology is the search and discovery of the mysteries that rule a country, a city or a person."[7] Er umgibt sich mit seinen Assemblagen und Dingen, die er auf Flohmärkten und in seiner

space. This gives rise to new significatory contexts and sequences. Or, to put it in Bennett's words: "In this assemblage, objects appeared as things, [...] not entirely reducible to the contexts in which (human) subjects set them, never entirely exhausted by their semiotics."[5]

Ferrario moves with detailed observations through her surroundings, transfers characters into her own graphic cosmos, pauses to aim the camera towards scenes and things that ultimately appear in settings of displayed figural drawings or as real material and thing in the spatial structure. Fiction and reality, drawing and film, everyday objects, souvenirs, toys or also "garbage" in the literal sense of the word give rise to a new and in some respects stage-like world.

All in all, Ferrario's manner of working recalls the procedure of the artist Georges Adéagbo who, day after day, sets up his assemblages in the garden, in the studio, at home, or in hotel rooms, and then, at the end of each day, takes them apart. This is a constant process of collecting, conjoining, and separating that summons up perpetually new interconnections. This is a process that is never completed, and one that allows the things to linger within the structures only temporarily. Likewise at the institutions where exhibitions occur, Adéagbo orients himself towards the specific spatial parameters, and integrates things from there, from his native country Benin, as well as personal objects, photographs, or texts he has written himself. Of particular interest in his installational assemblages is the cancellation of categories: there is no geographical or cultural structuring. Proceeding from a transcultural perspective, he unites culturally diverse objects in his aesthetic.[6] When traveling, Adéagbo makes his approach to foreign sites through archaeological explorations: "Archaeology is the search and discovery of the mysteries that rule a country, a city, or a person."[7] He surrounds himself with his assemblages and things, which he has gathered from flea markets and from his surroundings, whereupon he rapidly orients himself within his new environment and absorbs the stories and energies of these places into himself and his art.

Serena Ferrario is also a traveler, a collector, deeply influenced by a transcultural view of the world. She delves into her surroundings through her drawings and her graphical film material. One essential

Umgebung gesammelt hat, um sich schnell in seiner neuen Umgebung zurechtzufinden und die Geschichten und Energien dieser Orte in sich und seine Kunst aufzunehmen.

Auch Serena Ferrario ist eine Reisende, eine Sammlerin, geprägt von einem transkulturellen Blick auf die Welt. Sie erschließt sich ihre Umgebung durch ihre Zeichnungen und ihr grafisches Filmmaterial. Ein wesentlicher Aspekt ist dabei eine prozesshafte Aneignung des Raumes, des Ausstellungsraumes, des Atelierraumes, der Räume bei Freunden und Familien, auf Reisen auch Hotelräume. Sie „bewohnt" diese Räume mit ihren Zeichnungen, ihren Souvenirs, ihren Dingen und gestaltet sie, verändert sie; teilweise auch noch während der Ausstellungslaufzeit. Dabei geht es jedoch nicht ausschließlich um eine Interieur-Gestaltung, sondern vielmehr um ein Wechselspiel zwischen Innen und Außen, das sie durch Schaufenster, Wandzeichnungen, dinglich-figürliche Szenerien, Integrierung von Sonnenstühlen, Teppichen, Festzelten oder wie in diesem Fall durch einen Steg und eine Festtafel zu Räumen zusammenfügt, die eine klare Unterscheidung zwischen Außen und Innen nicht mehr zulassen. Diese Verschränkungen zwischen Außen- und Innenraum spiegeln sich ebenfalls in den Szenen der Filme wider, die sich abwechseln, ineinander übergehen und mal den einen, mal den anderen Aspekt im Ausstellungsraum hervorheben.

Am Ende einer Ausstellung finden Dinge ihren Weg zurück zur „ursprünglichen" Nutzung, werden verschenkt, vor Ort gelassen oder neu verwendet. Auch die Zeichnungen verschwinden nicht alle wieder in ihren Koffern, sondern suchen sich neue Lebensorte. So löst sich das „ad hoc-Gefüge" wieder auf, aber die einzelnen Dinge/ Zeichnungen kommen in neuen Gefügen zusammen, bei Freunden zu Hause, vielleicht im Büro eines Ausstellungshauses ...

„Gerade weil jeder Bestandteil/Aktant sich einen energetischen Puls bewahrt, der ein wenig von dem des Gefüges ‚abweicht', ist ein Gefüge niemals ein schwerfälliger Block, sondern ein Kollektiv, dessen weitere Entwicklung offen ist [...]. Somit zeichnet sich jedes Gefüge nicht nur durch eine eigene Entstehungsgeschichte aus, sondern auch durch eine begrenzte Lebensspanne."[8]

aspect here is a processual appropriation of space: of the exhibition space, of studio spaces, of the spaces of friends or family, and also, on trips, that of hotel rooms. She "inhabits" these spaces with her drawings, her souvenirs, her things; she shapes them, alters them—in some cases, even doing so over the course of a current exhibition. This is not exclusively a matter of the designing of interiors, however, but much more of an interplay between inside and outside which—through display windows, wall drawings, material-figural scenes, the integration of sun loungers, rugs, large tents, or, as in this case, a walkway and banquet table—she combines into spaces that no longer allow a clear distinction between outside and inside. These instances of an interweaving between exterior and interior spaces are likewise mirrored in the scenes of the films that alternate, merge into each other, and emphasize sometimes one and sometimes another aspect of the exhibition space.

At the conclusion of an exhibition, things find their way back to their "original" utilization, are offered as gifts, left on site or used in a new way. Nor do all of the drawings disappear back into their cases; instead, some of them seek new places to live. In this way, the "ad hoc assemblage" dissolves, but the individual things/drawings cohere into new structures, in the homes of friends, perhaps in the office of an exhibiting institution...

"And precisely because each member-actant maintains an energetic pulse slightly 'off' from that of the assemblage, an assemblage is never a stolid block but an open-ended collective [...]. An assemblage thus not only has a distinctive history of formation but a finite life span."[8]

Serena Ferrario's individual drawings and collages, figures and heads, possess an expressive power that is entirely their own; they accompany her, become her companions, enter into contact both with her and with visitors. But it is only in the structure within the space that her works unfold their entire "effectivity."[9]

Ferrario's spatial structures pulsate, are inhabited by her companions—whether these are drawn, filmic-real, or material souvenirs. They develop out of the structures individual scenes that perhaps also contain narratives—real or fictional; but in the next instant,

Serena Ferrarios einzelne Zeichnungen und Collagen, einzelne Figuren und Köpfe haben ihre ganz eigene Ausdruckskraft, begleiten sie, werden zu ihren Gefährt*innen, treten in Kontakt mit ihr und den Besuchenden. Aber erst im Gefüge im Raum entfalten ihre Arbeiten ihre volle „Wirkmächtigkeit".[9]

Ferrarios Raumgefüge pulsieren, sind bevölkert von ihren Gefährt*innen, seien es gezeichnete, filmisch reale oder dingliche Souvenirs. Aus den Gefügen entwickeln sich einzelne Szenerien, die vielleicht auch Erzählungen beinhalten – real oder fiktiv –, doch im nächsten Moment kann dieser Anflug einer Erzählrichtung wieder verschwinden, durch einen gezeichneten oder dinglichen Aktant daneben, durch eine filmische Szene oder einen Sound. Die Szenerie löst sich im vitalen Gefüge auf und findet sich bald in einem ganz neuen Gefüge mit anderen Bezügen wieder. So kann die Wirkmächtigkeit von Serena Ferrarios Werken in diesem vitalen Prozess des Ineinanderfließens zusammengefasst werden. Die Betrachtenden werden in ihre Raumgefüge hineingesogen und finden sich in einer anderen Konstellation der Welt wieder, in der Grenzen – seien es kulturelle, zeitliche, mediale oder auch nicht-/menschliche – als etwas Fluides angesehen werden.

1 Jane Bennett: Lebhafte Materie. Eine politische Ökologie der Dinge, Berlin 2020, S. 21.

2 Bei den Gefährt*innen von Donna Haraway handelt es sich um Primaten, Cyborgs, Vampire bis hin zu Hunden und Tauben, die in ihren zahlreichen Abhandlungen immer wieder auftauchen – eine ganze Familie der Gefährt*innenspezies (im Orig. companion species), in der Naturen, Kulturen, Subjekte und Objekte in einem unermüdlichen Mit-Werden begriffen sind. Vgl. dazu auch das Interview mit Serena Ferrario in diesem Katalog, S. 65.

3 Siehe Bruno Latour: Eine neue Soziologie für eine neue Gesellschaft. Einführung in die Akteur-Netzwerk-Theorie, Frankfurt am Main 2007; und Gilles Deleuze/Félix Guattari: Tausend Plateaus. Kapitalismus und Schizophrenie, Berlin 1992.

4 Bennett 2020 (wie Anm. 1), S. 59.

5 Ebd., S. 32.

6 Kerstin Schankweiler: Die Mobilisierung der Dinge. Ortsspezifik und Kulturtransfer in den Installationen von Georges Adéagbo, Bielefeld 2012, S. 199 ff.

7 Stephan Köhler: „Georges Adéagbo's Merging of Visual and Text Based Enquiry. His Assemblages as Laboratory of Encounters: Things, Texts, and Images", in: Ausst-Kat. Georges Adéagbo, Maison Tavel, Genf 2018, S. 20–29, hier S. 21.

8 Bennett 2020 (wie Anm. 1), S. 59f.

9 Ebd., S. 59.

this semblance of a narrative direction can disappear once again through a drawn or material agent, a filmic scene or a sound. The scene disperses within the vital structure and soon finds itself again in an entirely new structure with other referential relationships. Thus the impactive power of Serena Ferrario's works can be appositely summed up in this energetic process of flowing, merging encounter. Viewers are drawn into her spatial structures and discover themselves to be within another constellation of the world, in which borders—whether cultural, temporal, media-related, or also non-/human—are considered to be something fluid.

1 Jane Bennett, Vibrant Matter. A Political Ecology of Things (Durham, NC: Duke University Press, 2010), xvi.
2 With the companions of Donna Haraway, it is a matter of primates, cyborgs, and vampires all the way to dogs and pigeons that appear repeatedly in her numerous treatises—an entire family of companion species in which natures, cultures, subjects, and objects are involved in an untiring co-transformation. In this context, see also the interview with Serena Ferrario in this catalogue, p. 66.
3 See Bruno Latour, Reassembling the Social. An Introduction to Actor-Network-Theory (Oxford: Oxford University Press, 2007); and Gilles Deleuze and Félix Guattari, A Thousand Plateaus: Capitalism and Schizophrenia (Minneapolis, MN: University of Minnesota Press, 1987).
4 Bennett 2010 (see note 1), 23.
5 Ibid., 5.
6 Kerstin Schankweiler, Die Mobilisierung der Dinge. Ortsspezifik und Kulturtransfer in den Installationen von Georges Adéagbo (Bielefeld: Transcript, 2012), 199ff.
7 Stephan Köhler, "Georges Adéagbo's Merging of Visual and Text Based Enquiry. His Assemblages as Laboratory of Encounters: Things, Texts, and Images," in exh. cat. Georges Adéagbo, Maison Tavel, Geneva 2018, 20–29, here 21.
8 Bennett 2010 (see note 1), 24.
9 Ibid.

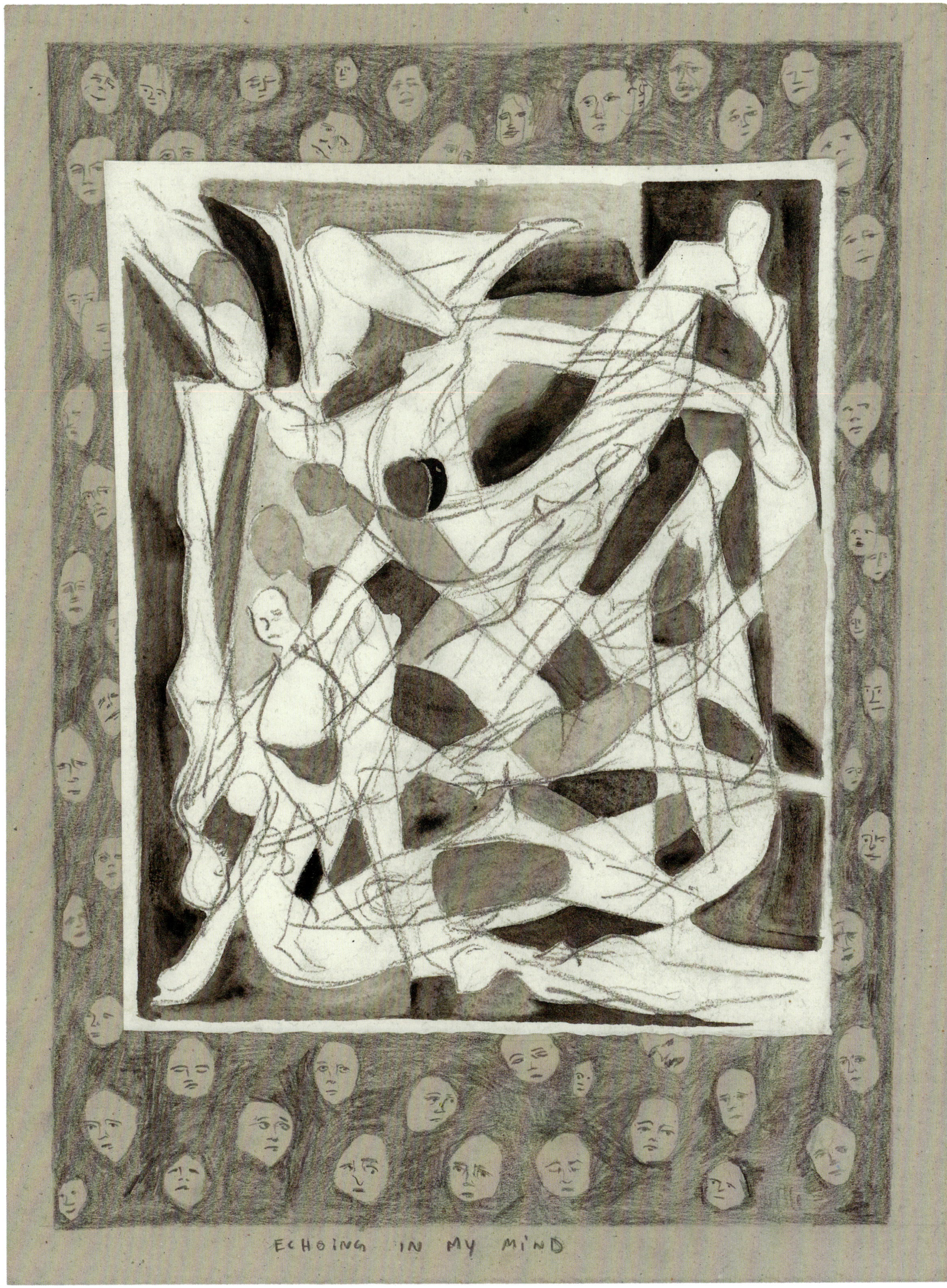

Collage, Bleistift und Aquarell auf Büttenpapier, geklebt auf Bleistift auf Hartpappe /
Collage, pencil and watercolor on handmade paper, glued onto pencil on cardboard, 29,7×21 cm

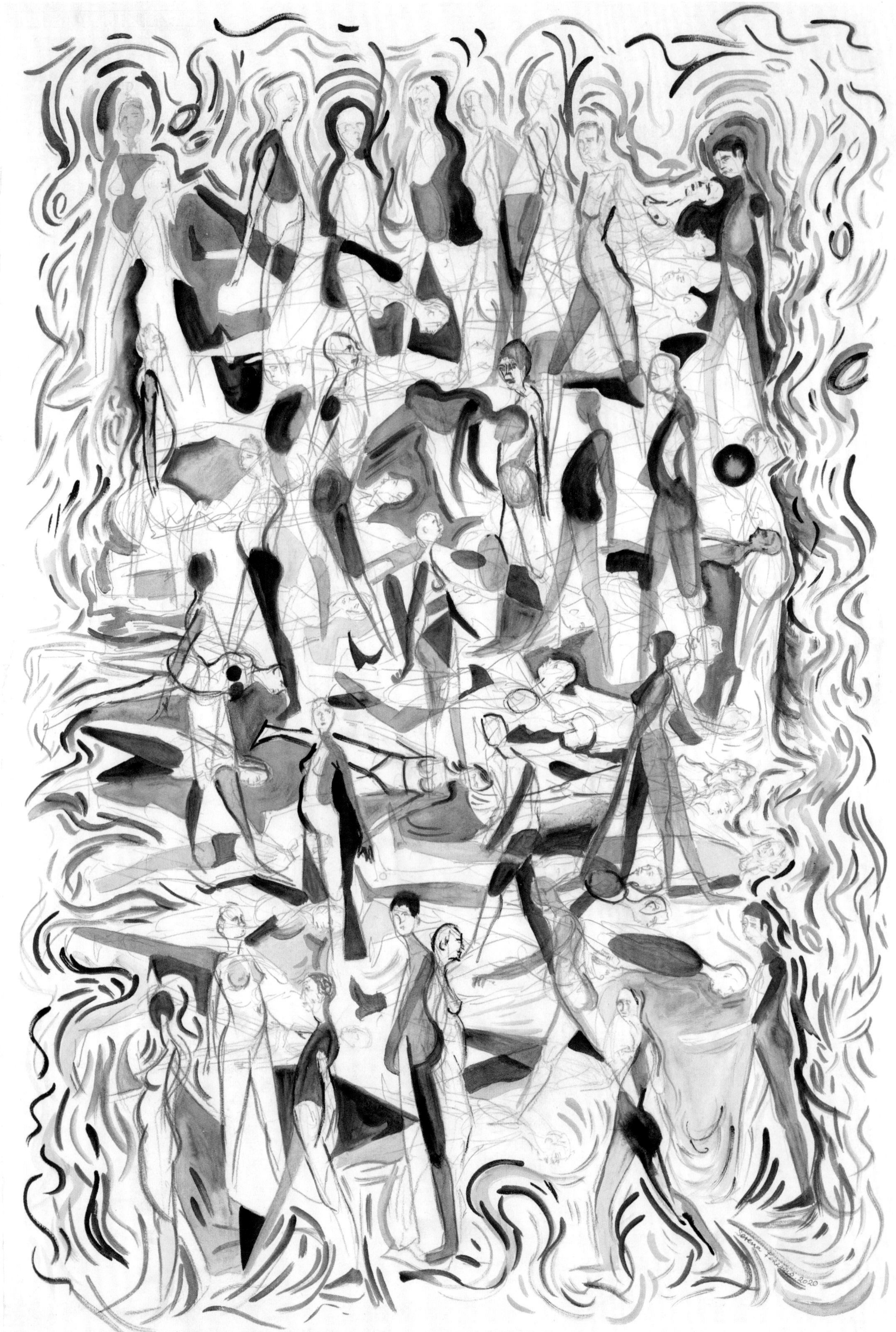

Bleistift und Aquarell auf Büttenpapier / Pencil and watercolor on handmade paper, 55×80 cm

Multiple Personality 02, 2021

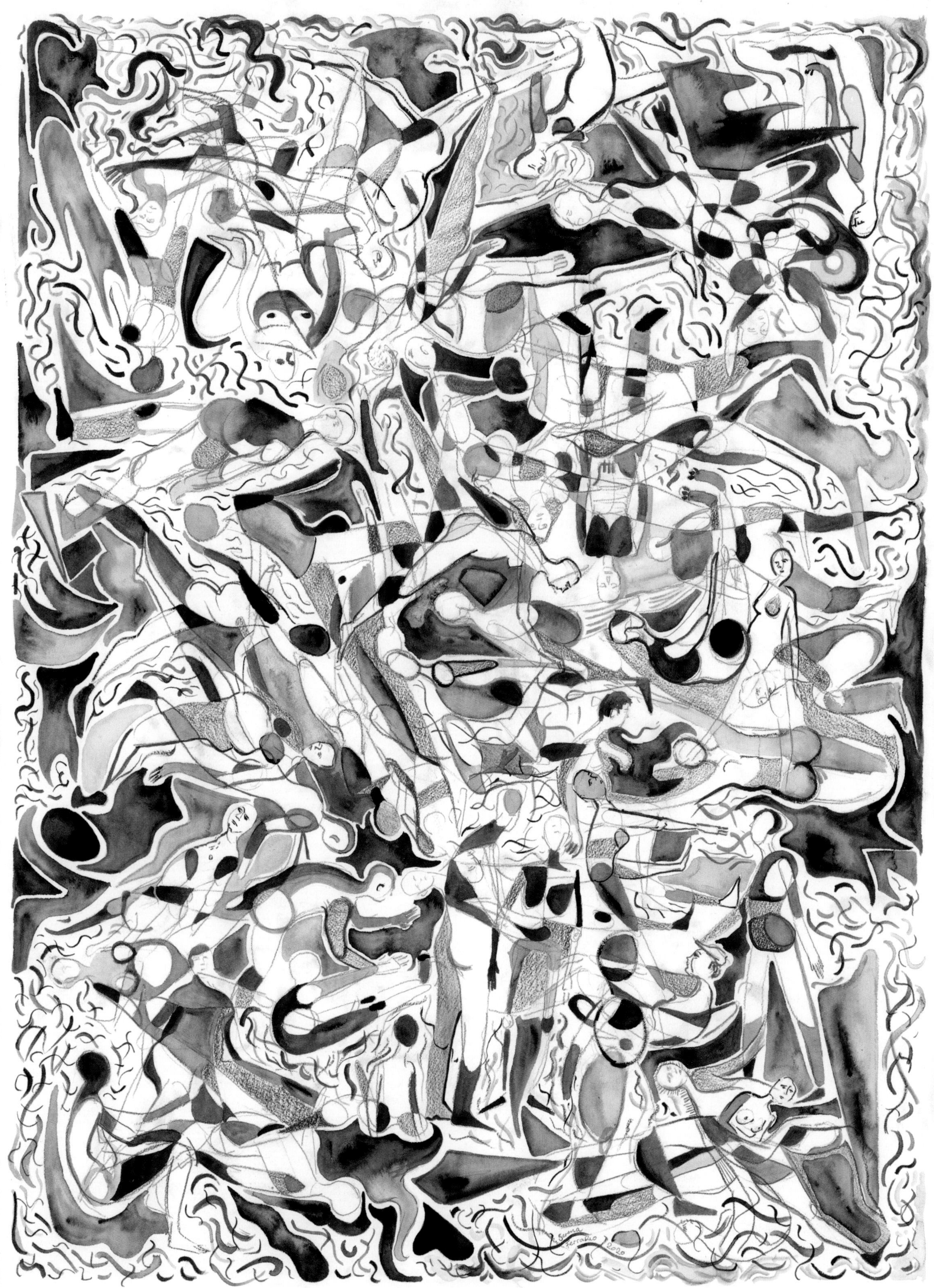

Bleistift und Aquarell auf Büttenpapier / Pencil and watercolor on handmade paper, 55×80 cm

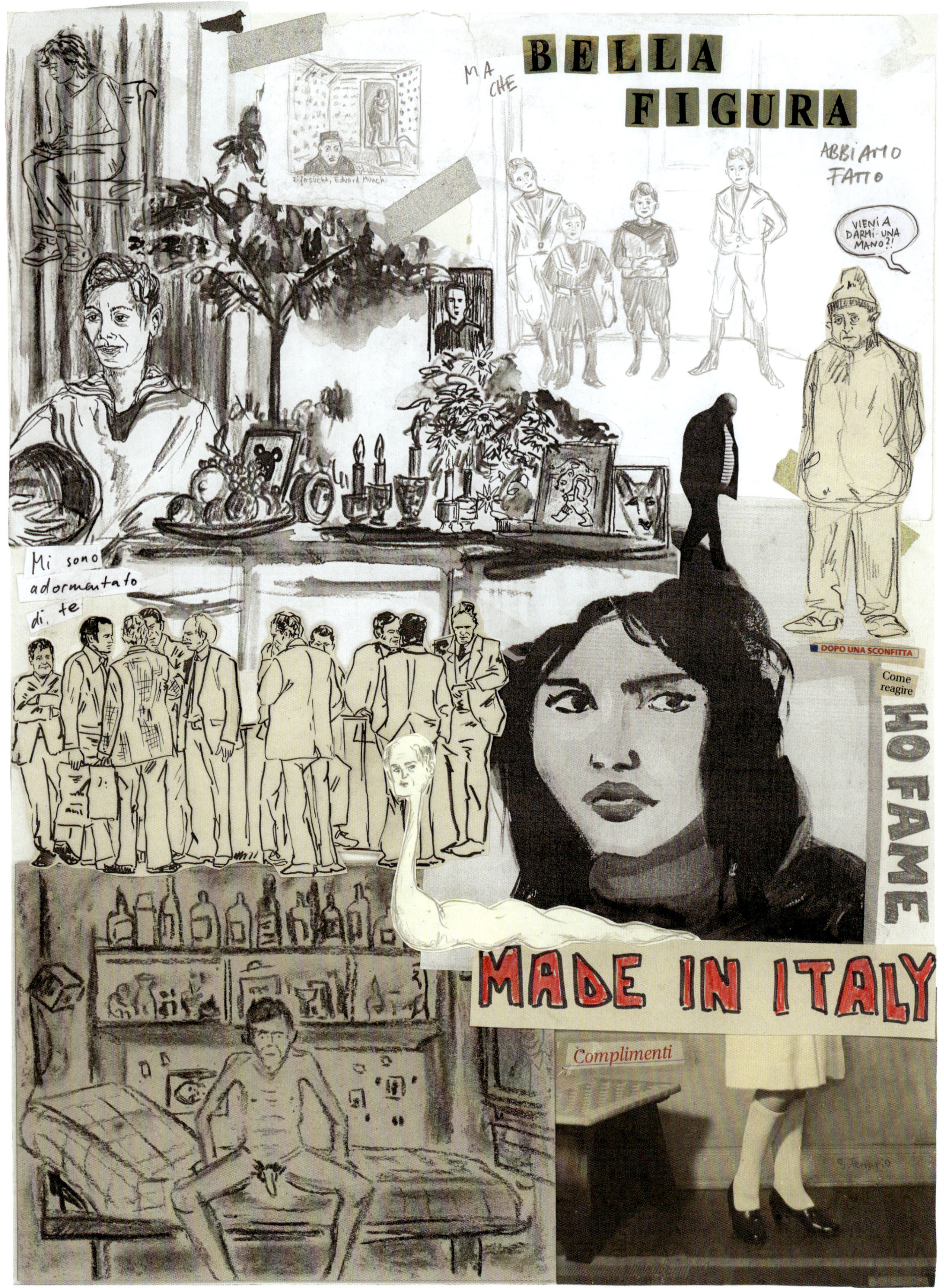

Collage aus Zeichnungen, Drucken, fotokopierter Malerei, Handgeschriebenem, Klebebuchstaben und Glitzerklebestreifen /
Collage from drawings, prints, photocopied painting, handwriting, adhesive letters and glitter glue strips, 53×40 cm

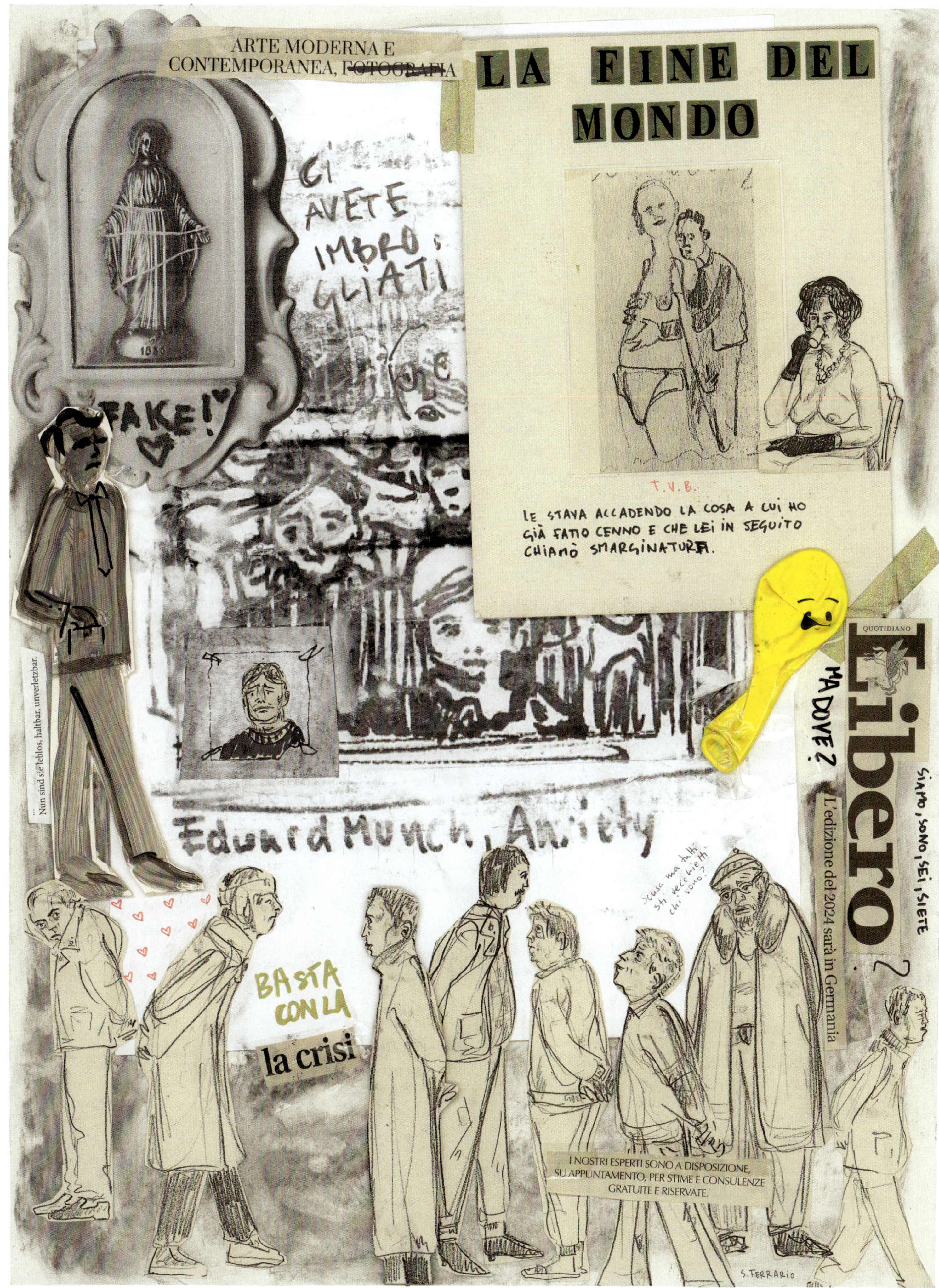

Collage aus Zeichnungen, Drucken, Handgeschriebenem, Glitzerklebestreifen, Zeitungsschnipseln und Luftballon /
Collage from drawings, prints, handwriting, glitter glue strips, newspaper snippets and balloon, 53×40 cm

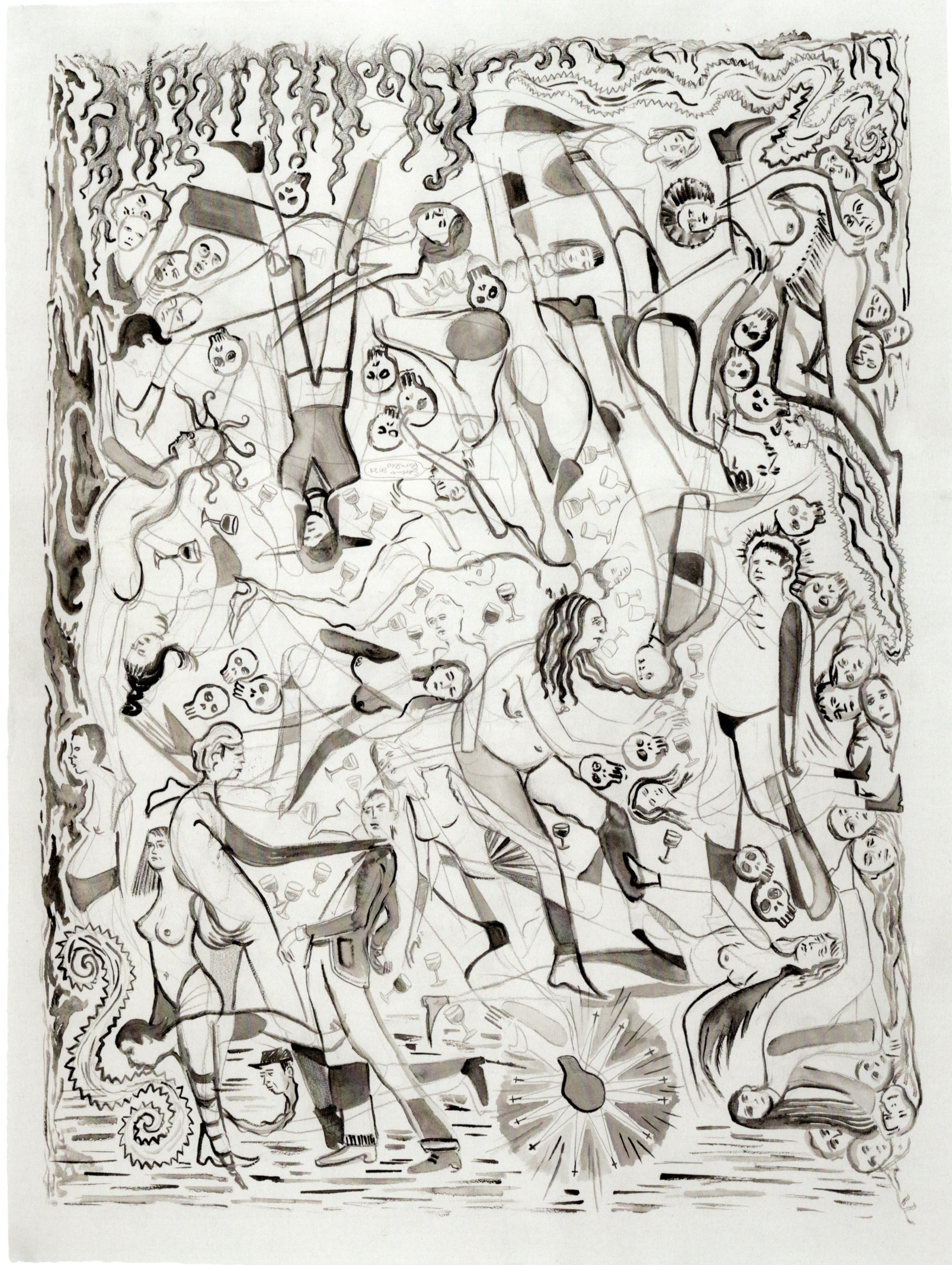

Bleistift, Kohle und Aquarell auf Büttenpapier / Pencil, charcoal and watercolor on handmade paper, 65,5×50,7 cm

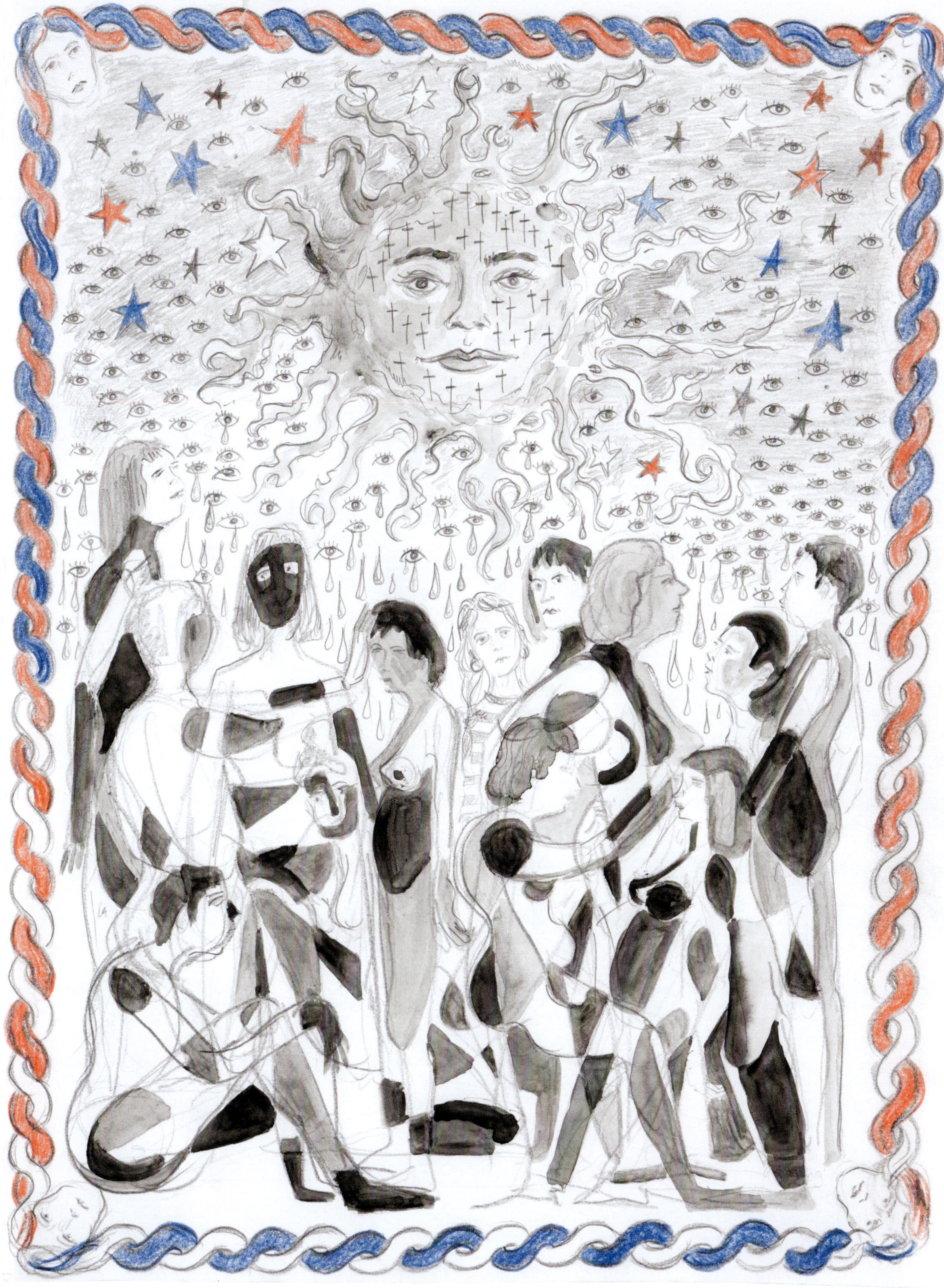

Bleistift, Buntstifte und Aquarell auf Papier / Pencil, crayons and watercolor on paper, 27,9×21,3 cm

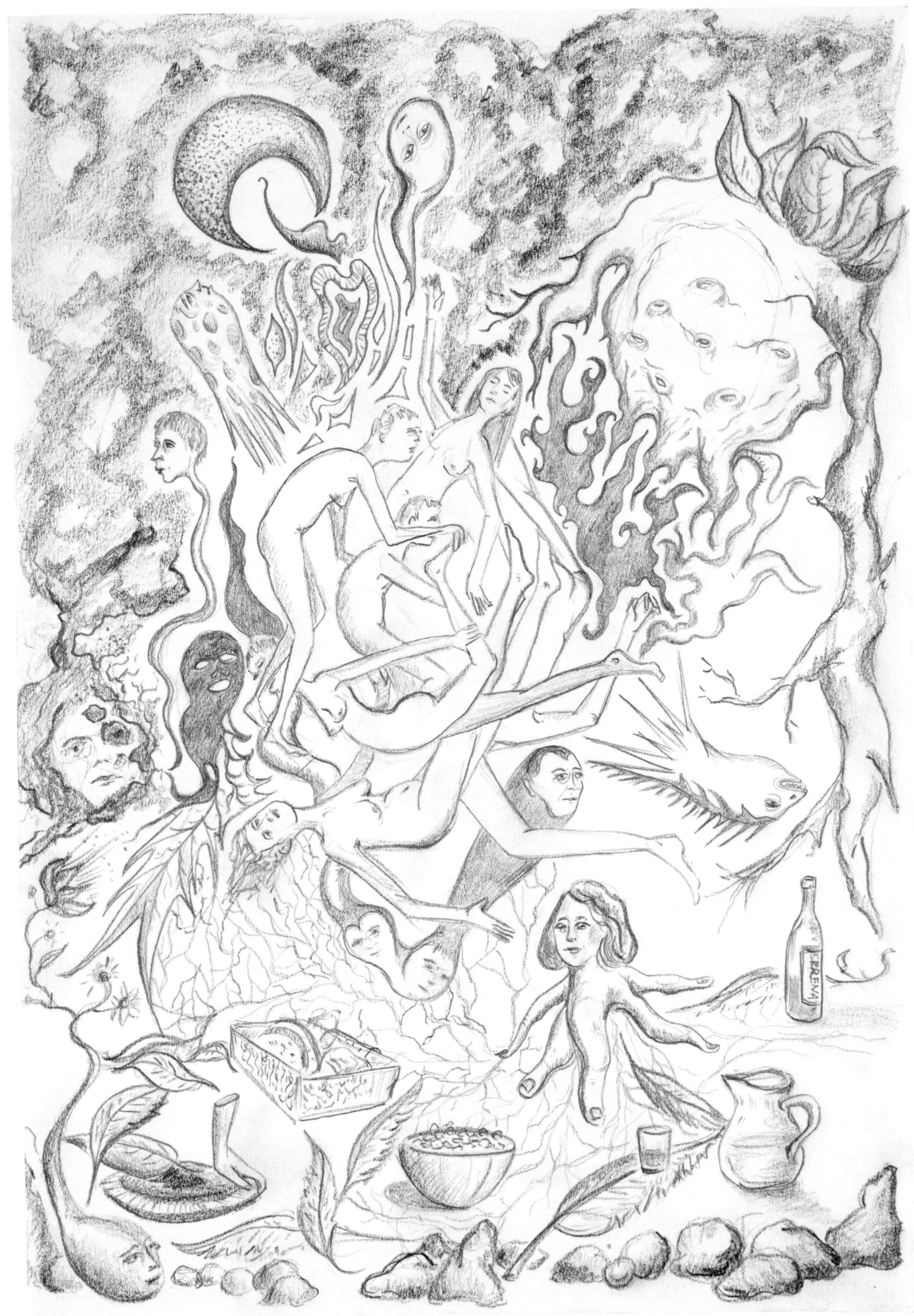

Bleistift auf Papier / Pencil on paper, 29,7×21 cm

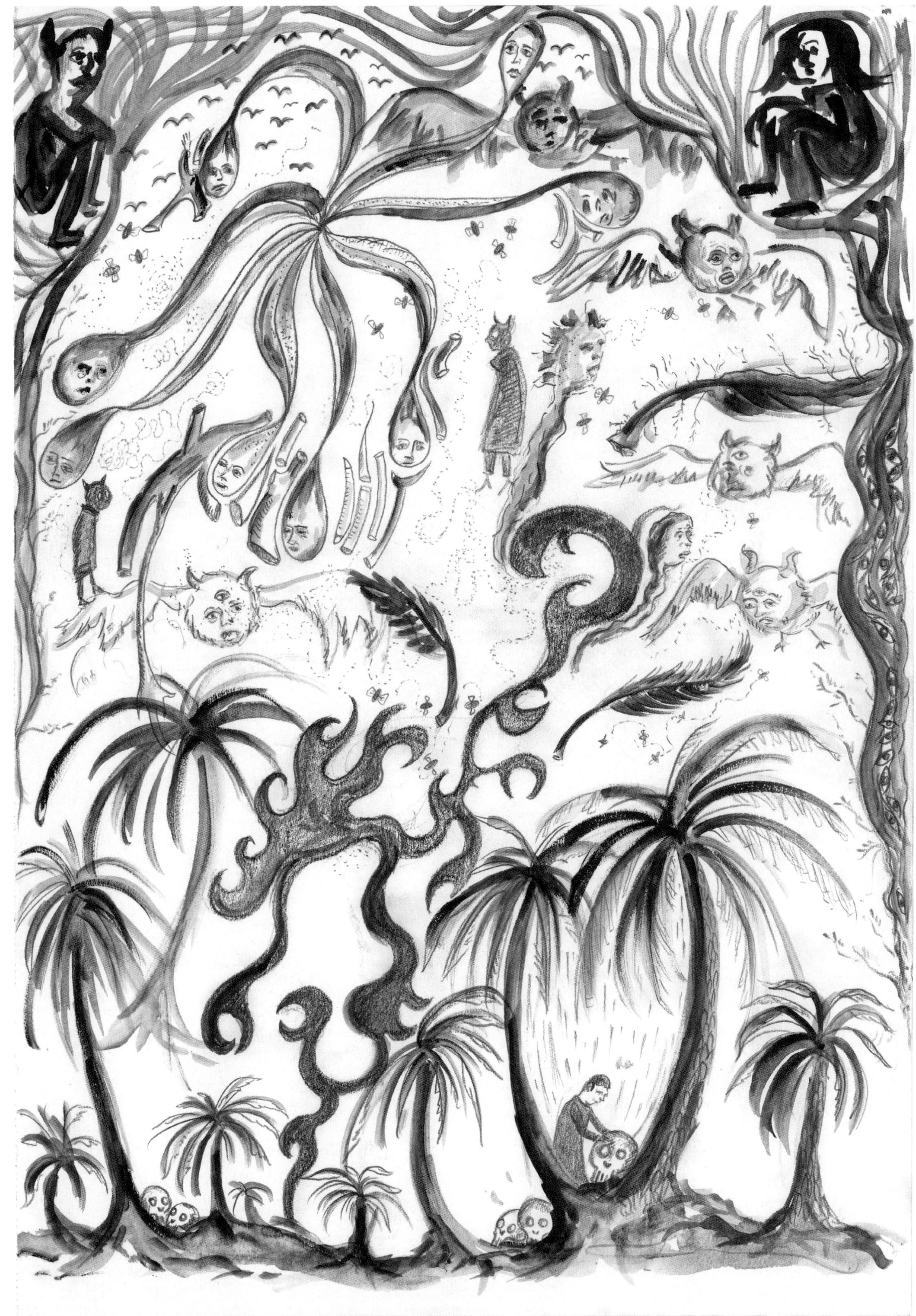

Bleistift und Aquarell auf Papier / Pencil and watercolor on paper, 29,7×21 cm

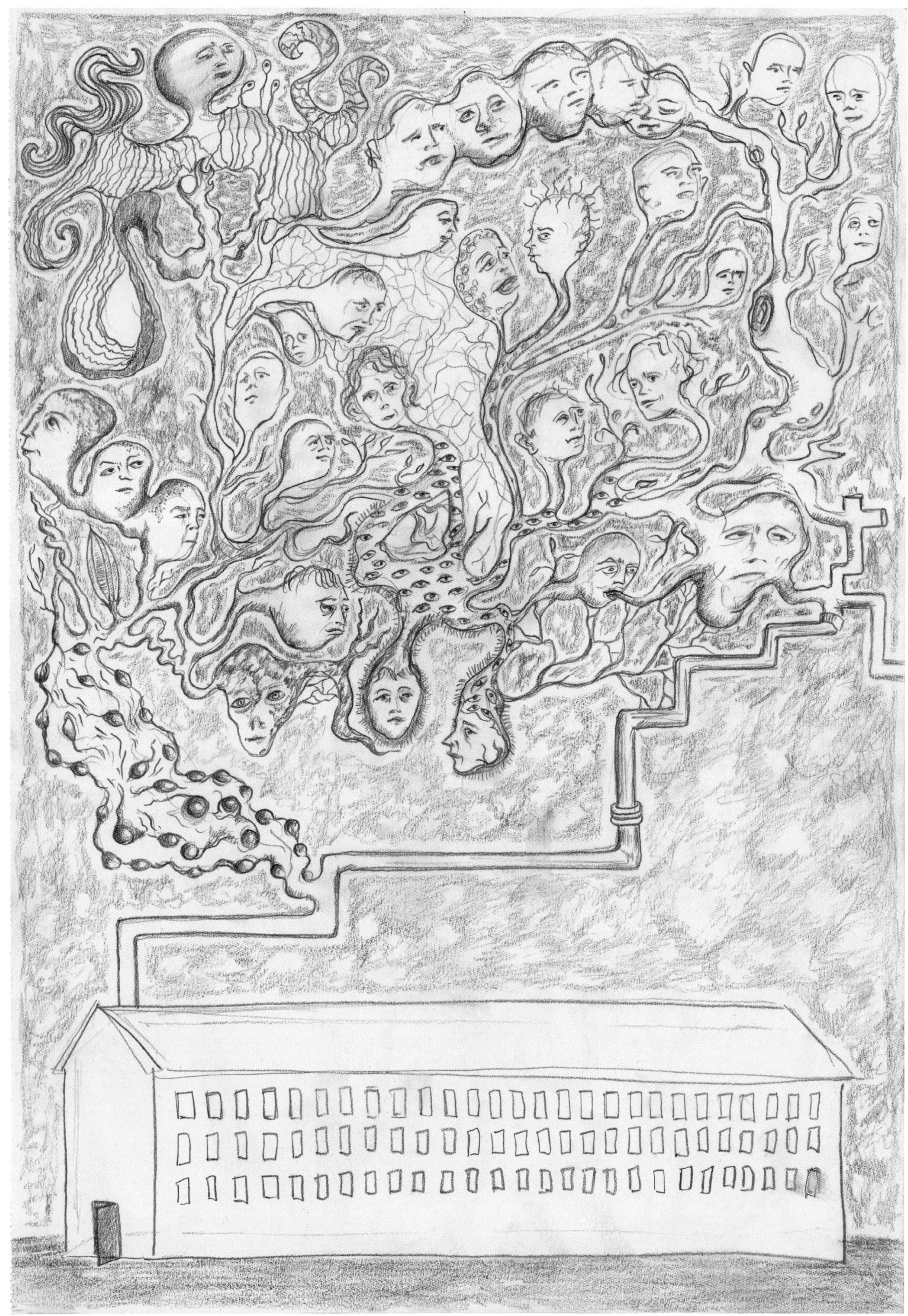

Bleistift auf Papier / Pencil on paper, 29,7×21 cm

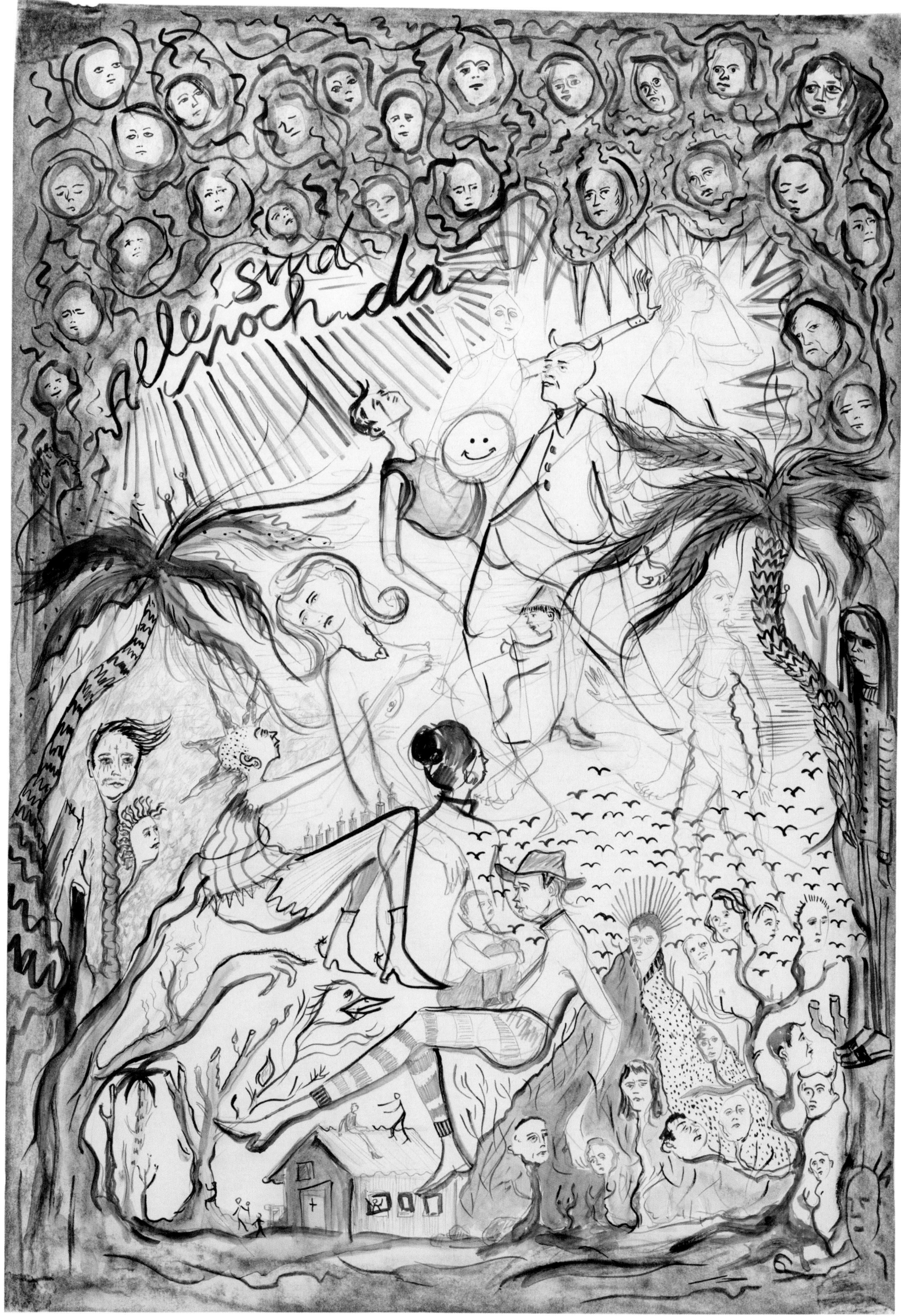

Bleistift, Kohle und Aquarell auf Papier / Pencil, charcoal and watercolor on paper, 59,3×42 cm

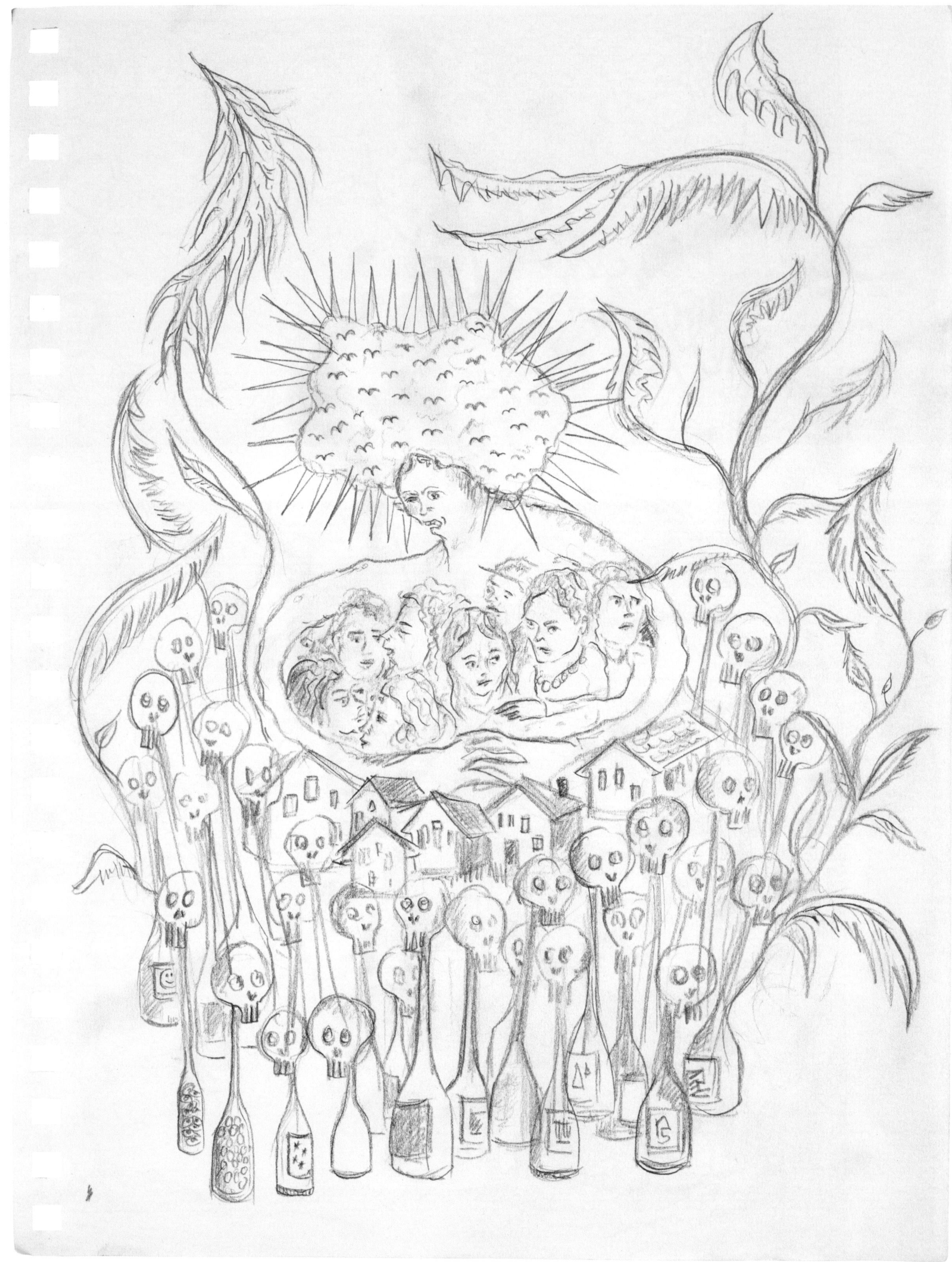

Bleistift auf Papier / Pencil on paper, 29,7 × 21 cm

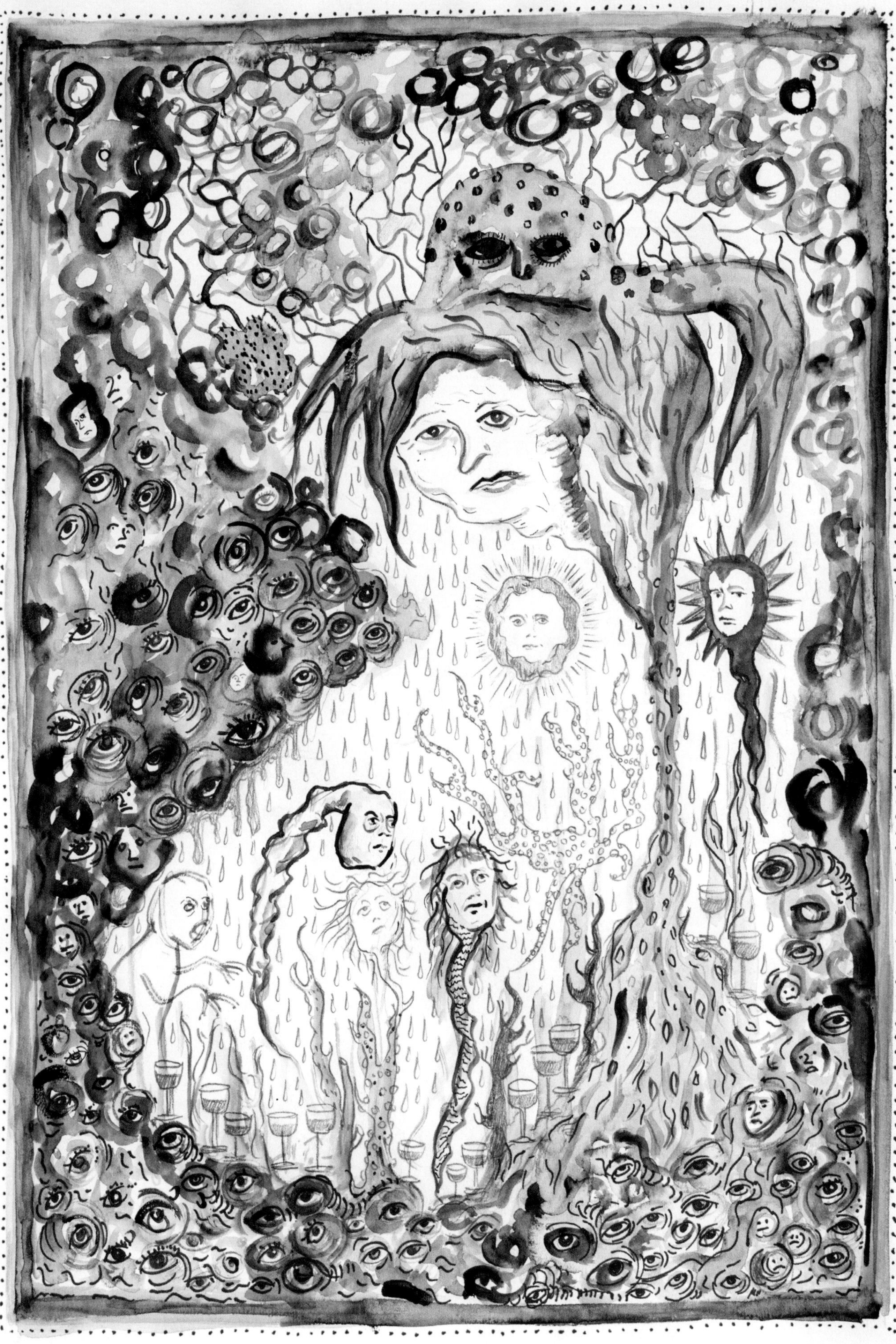

Bleistift, Aquarell und Stift auf Papier / Pencil, watercolor and pen on paper, 29,7×21 cm

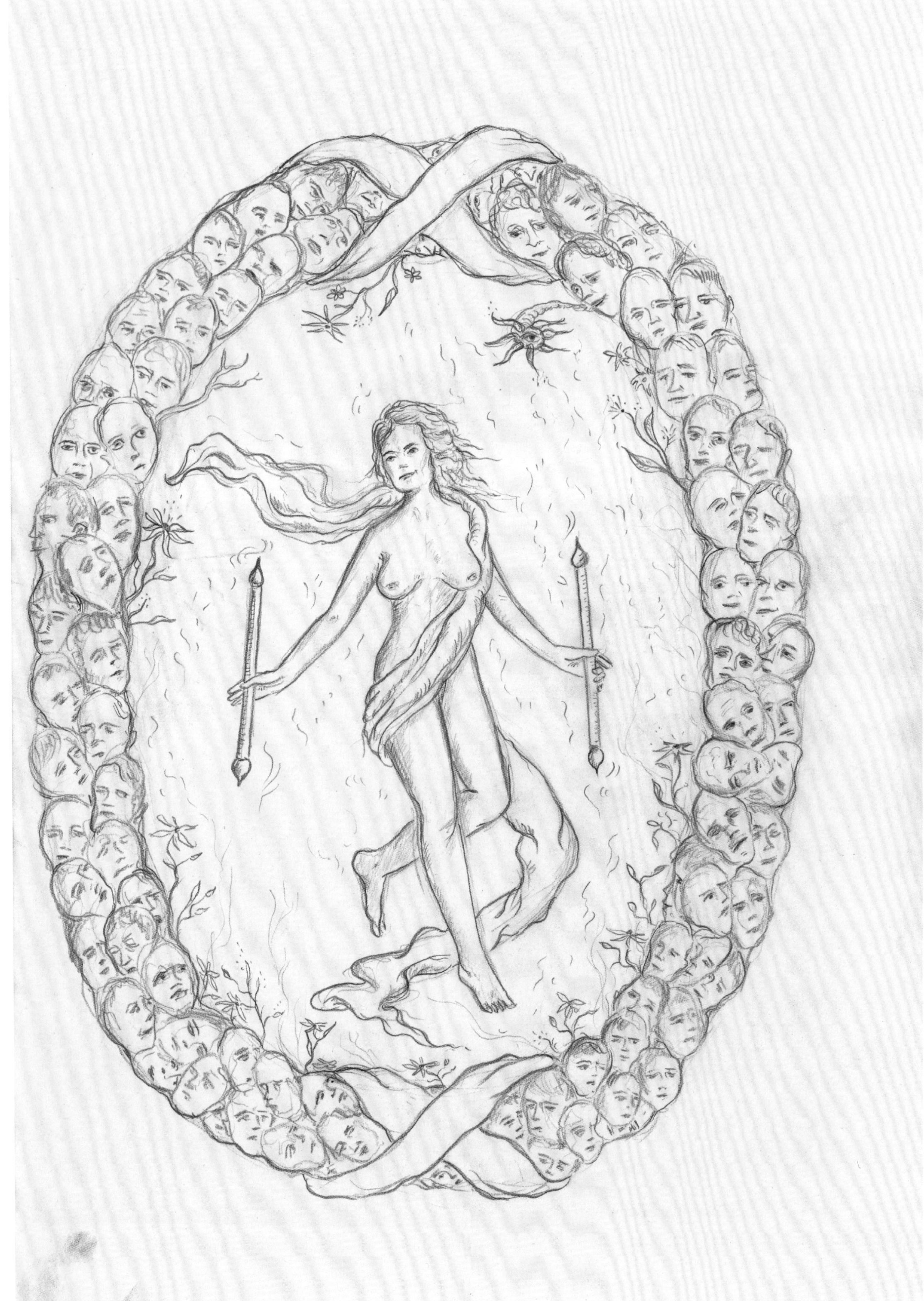

Bleistift auf Papier / Pencil on paper, 29,6×20,8 cm

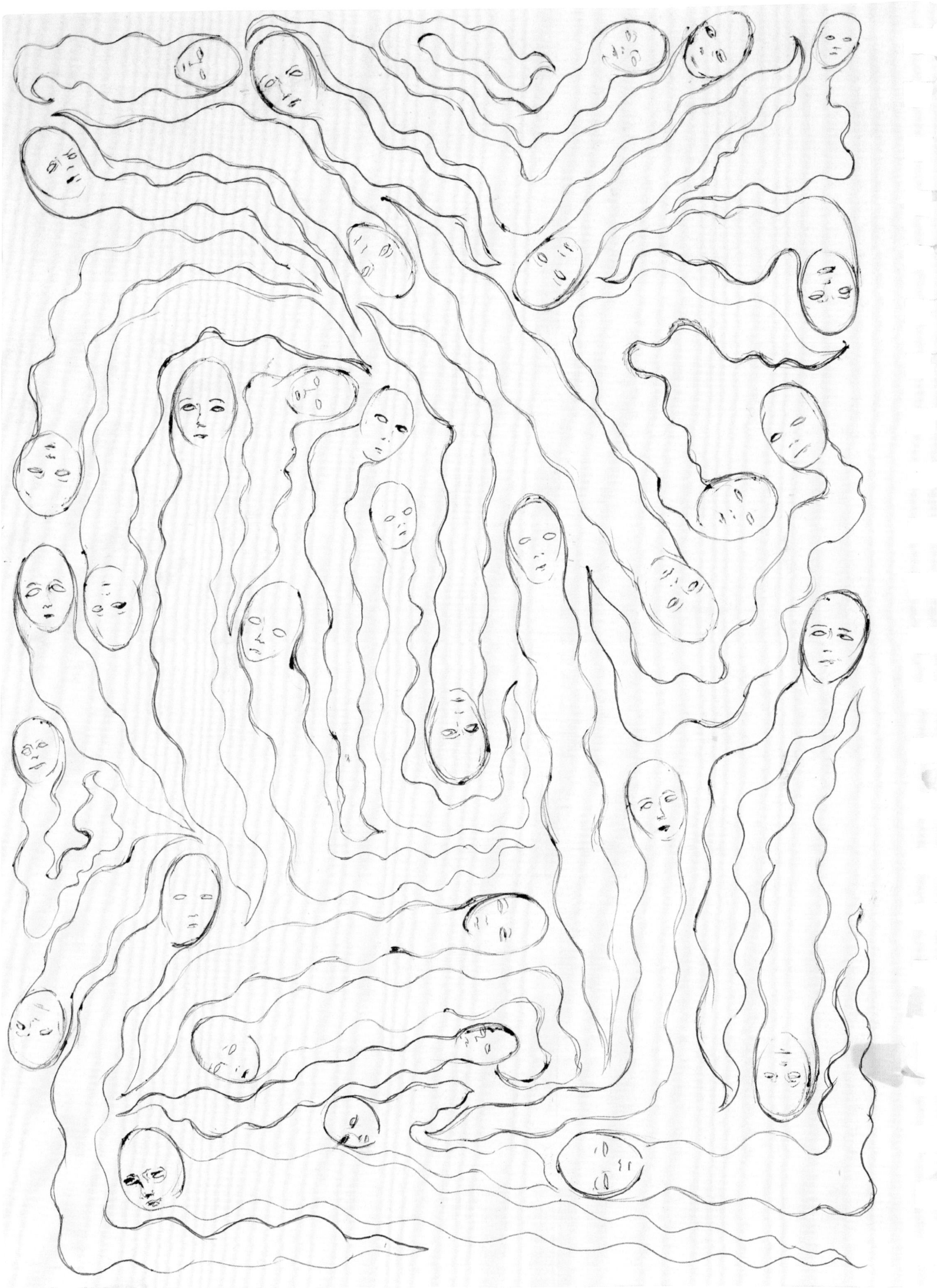

Kugelschreiber auf Papier / Ballpoint pen on paper, 29,7×21 cm

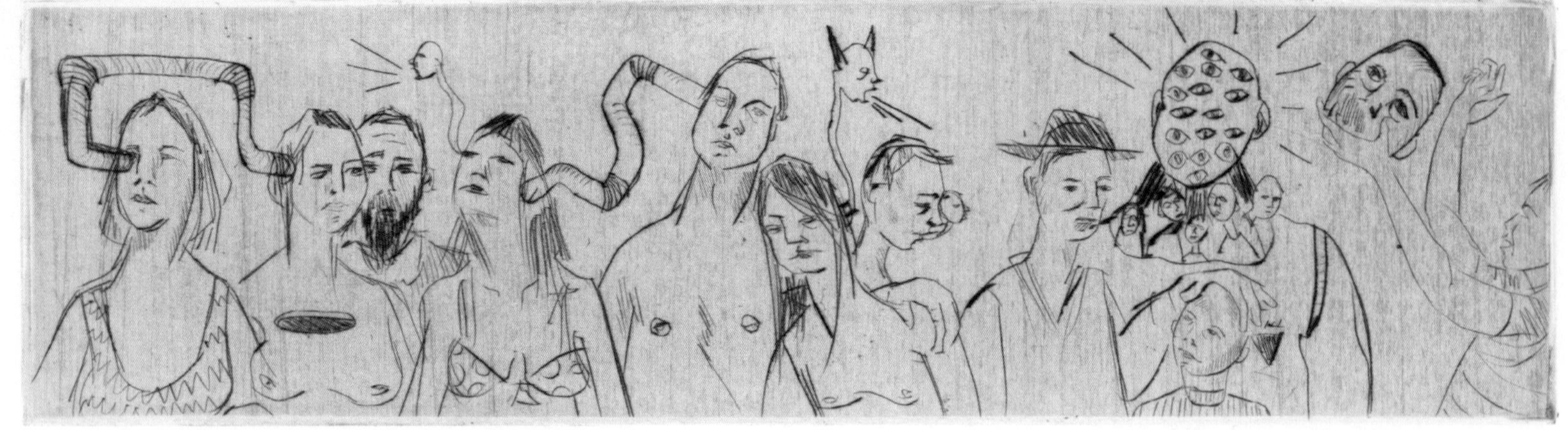

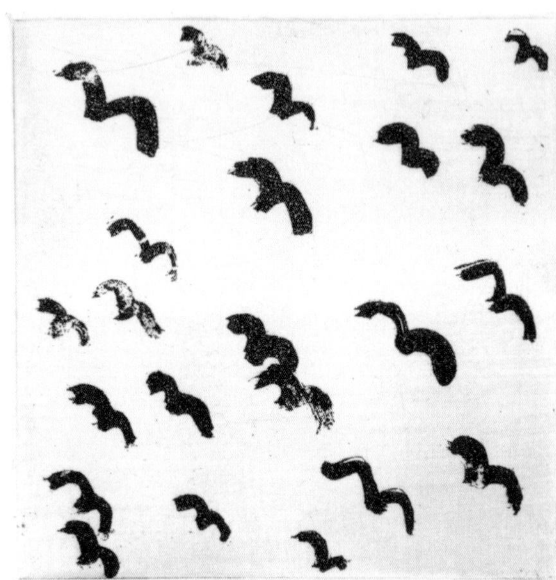

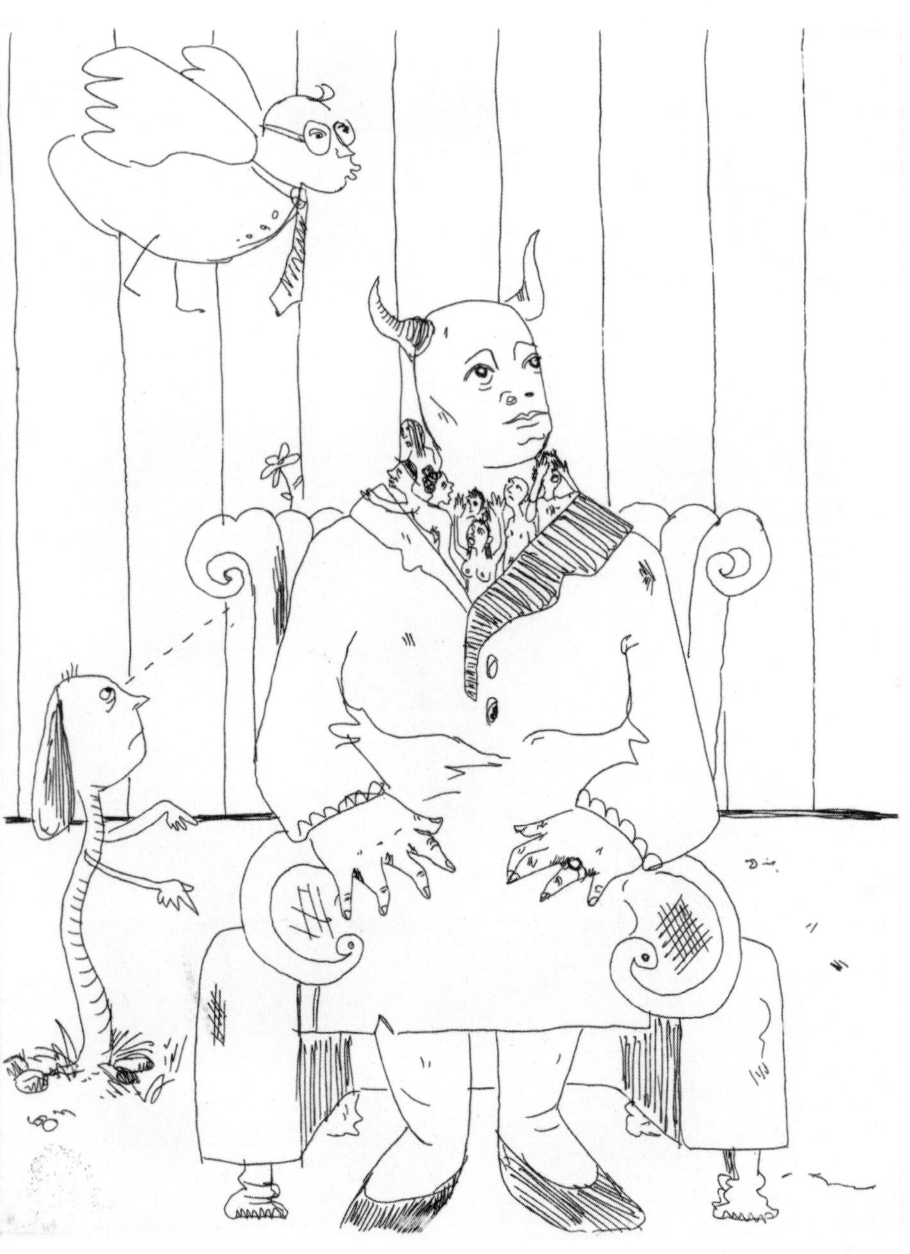

Radierung auf Papier / Etching on paper: oben / above: Kaltnadel / drypoint; Mitte / center: Zuckertusche / sugar lift; unten / below: Ätzradierung / etching, 34×26,6 cm

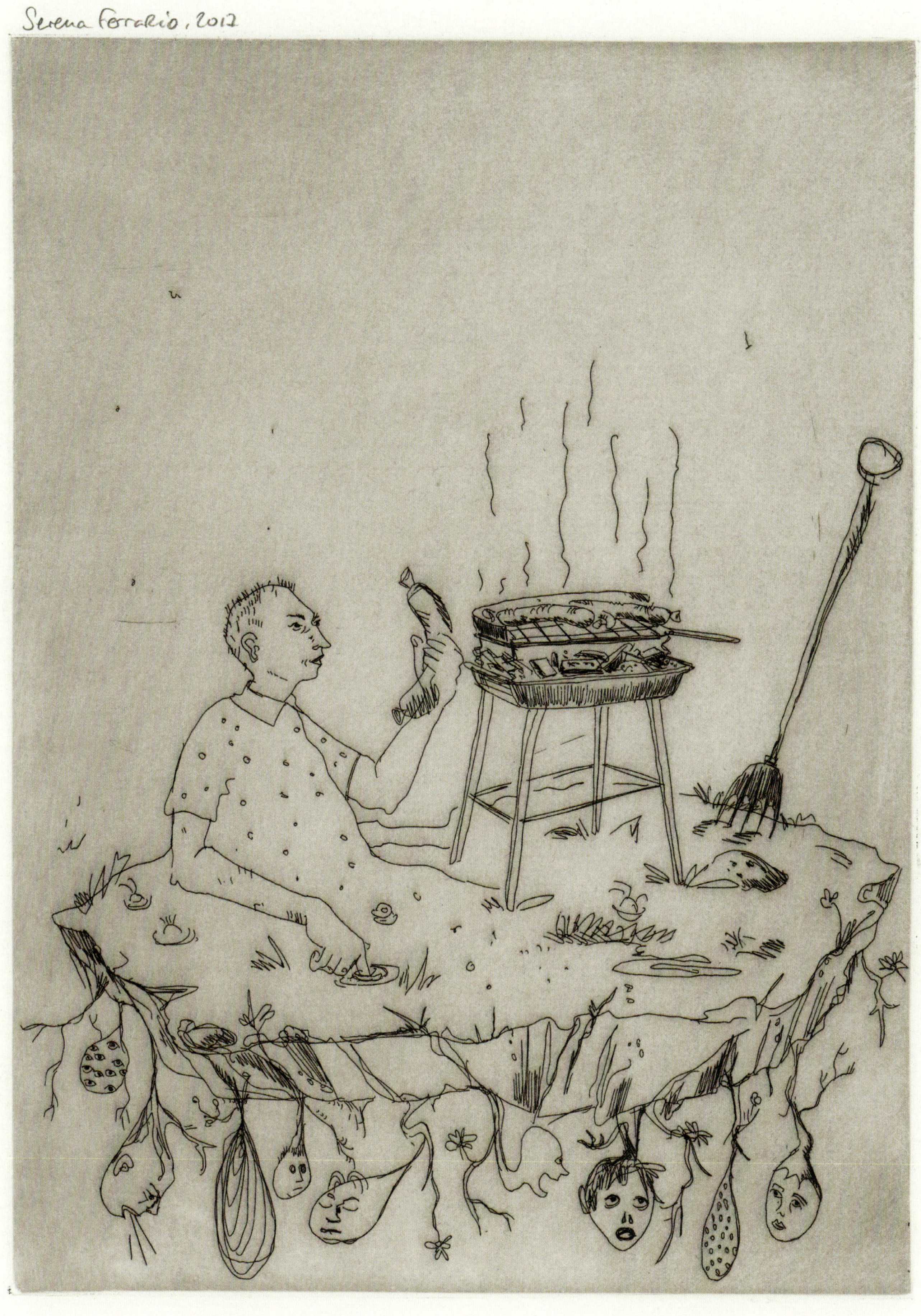

Ätzradierung auf Papier / Etching on paper, 26,5×19,5 cm

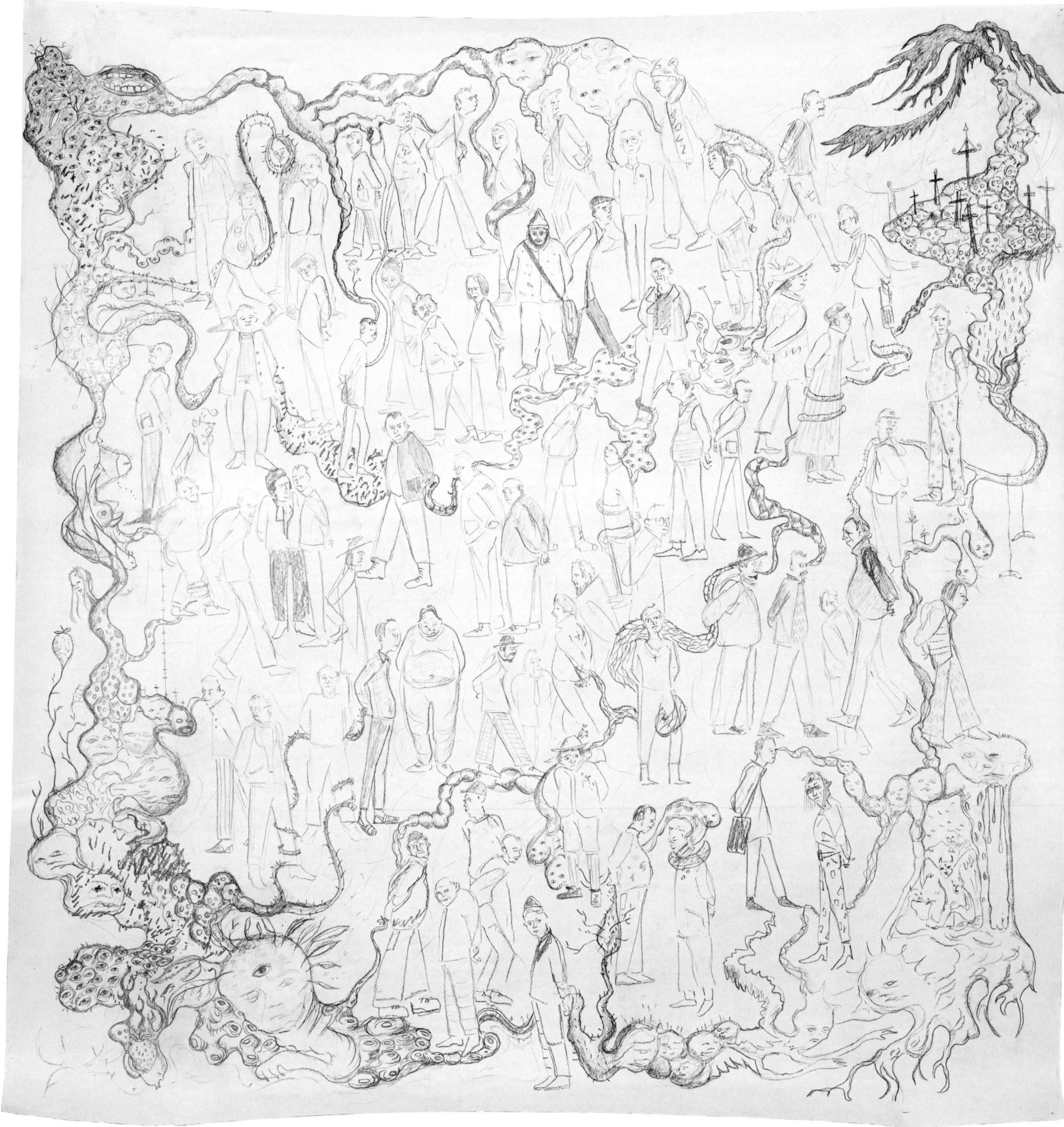

Bleistift auf Papier / Pencil on paper, 103×99,7 cm

Das Interview mit Serena Ferrario (SF) wurde von Leona Marie Ahrens und Petra Roettig von der Hamburger Kunsthalle (HK) am 18. Juni 2021 in Hamburg geführt.

HK: Die Zeichnung steht im Mittelpunkt deiner Arbeit und ist seit der Kindheit ein ganz wichtiges Thema für dich. Uns interessiert, was die Zeichnung für dein künstlerisches Arbeiten bedeutet bzw. auch in deinem ganzen Werk für eine Rolle spielt, zumal das ja eigentlich eher multimedial angelegt ist.

SF: Die Zeichnung war das erste Hilfsmittel, das ich kennenlernte, um mich zu isolieren von meinem Umfeld. Und da habe ich die Erfahrung gemacht – vielleicht war mir das als Kind nicht bewusst –, dass ich dort in der Zeichnung etwas verarbeiten oder einen Fokus setzen kann auf etwas, was in mir gespeichert wurde durch die Außenwelt. Ich treffe viele Menschen, ich höre und sehe, wie die Menschen drauf sind und was sie beschäftigt. Das geht ja nicht einfach spurlos an einem vorbei. Irgendwas davon bleibt immer auch an einem selbst hängen und beeinflusst einen. Und ich hatte immer das Gefühl, dass die Zeichnung für mich ein Fokussieren darauf ist, was ich aus dieser Erfahrung filtere.

HK: Das Zeichnen setzt sich auch in deiner künstlerischen Arbeit fort und ist ein sehr wesentlicher Teil, der sich in den Raum ausbreitet. Ist es eher so, dass die Zeichnung der Grundstock für deine künstlerische Arbeit ist und davon alles ausgeht? Oder wie würdest du das sehen?

SF: Für mich ist die Zeichnung einfach ein Begleiter, der immer da ist. Ich kann mich auf die Zeichnung immer verlassen, weil sie wirklich überall passieren kann. Das finde ich das Schönste daran. Ich brauche dafür nicht extra in eine Werkstatt zu gehen, und ich muss meistens nicht erst was Großartiges besorgen. Stifte gibt es überall. Man braucht einfach so gut wie nichts, und trotzdem entsteht da etwas. Zeichnungen, wie ich sie verstehe und wie ich damit arbeite, sind nicht so kompliziert. Man kann als Besucher*in schnell eine Verbindung aufbauen, es ist eigentlich recht einfach, es sind Menschen, die ich zeichne, ihre Erlebnisse, Gefühle und Geschichten.

HK: Du hast auch das Wortspiel der vom Leben gezeichneten Menschen für deine Figuren benutzt …

SF: Ja, genau, das trifft sicherlich auf viele meiner Charaktere zu. Es ist einfach mein Thema. Zum Beispiel bei älteren Herrencharakteren, denen ich in meinem Leben begegnet bin und wo ich so dachte: Wahnsinn, was alles in denen schlummert. Und plötzlich ist da z. B. eine Krankheit, und dadurch habe ich eine Stimmung, die in mir aufkommt, oder Gedanken, die ich mir mache. Warum oder wie psychische oder physische Krankheiten entstehen. Es gibt eine Zeichnung, die habe ich kurz vor der Pandemie angefertigt. Das sind Männer, die sich anschauen, und dann wabert überall eine Art Wurm durch sie durch. Die sind alle gefangen davon. Und das finde ich immer das Spannende, dass alles in einem immer neuen gesellschaftlichen Kontext betrachtet werden kann. Dass ich dieses Gefühl danach draußen so empfunden habe, als alle Leute noch so extrem waren miteinander. Jeder dachte ja, der andere hat das Virus. Alle waren plötzlich verdächtig. Vielleicht interessiert mich dieses Thema auch, weil meine Mutter in Rumänien im Kommunismus aufgewachsen ist und da ähnliche Stimmungen herrschten.

HK: Aber es geht ja auch um die verschiedenen Beziehungen und Verflechtungen. Man sieht das in deinen Installationen, dass ganz viele unterschiedliche Objekte, Zeichnungen und Materialien zusammenkommen. Auch bei deinen grafischen Arbeiten kommt das Gefühl auf, ähnlich wie bei „Wimmelbildern“, dass da ganz

A Conversation with Serena Ferrario

The interview with Serena Ferrario (SF) was conducted by Leona Marie Ahrens and Petra Roettig from the Hamburger Kunsthalle (HK) on June 18, 2021 in Hamburg.

HK: The drawing is the central focus of your work and has been an extremely important theme for you ever since childhood. We would be interested to hear what the drawing means for your artistic work, and what role it plays in your overall oeuvre, which actually tends to be multimedia.

SF: Doing drawings was the first resource I got to know for isolating myself from my surroundings. And I experienced—perhaps I wasn't aware of this as a child—that in a drawing I can work through a situation or focus on something that has been stored in me through the influence of the outside world. I meet lots of people; I hear and see how people are doing and what they're concerned with. That doesn't pass by you without leaving a trace. Something of it always sticks to you and exerts an influence. I always had the feeling that, for me, drawing means a focusing on what I filter out of that experience.

HK: The act of drawing continues in your artistic work as well; it's a fundamental aspect that extends out into the surrounding space. Is it more or less the case that drawing is the basis for your artistic work, and that everything proceeds from it? Or what's your take on this?

SF: For me the drawing is simply a companion that is always there. I can always depend on the drawing, because it really can fit in everywhere. That's the best thing about it. I don't have to make a special trip to a workshop, and most of the time, I don't have to go to any special trouble. Pencils can be found everywhere. Basically, you don't need anything at all, but something is created nonetheless. The way I understand them and work with them, drawings aren't so very complicated. As a visitor, you can quickly build up a relationship, it's actually quite easy; it's people that I draw—their experiences, feelings, and stories.

HK: For your figures, you've also used the play on words involving people on whom life has left its mark…

SF: Right, that definitely applies to many of my characters. The truth is, that's my theme. For example, with older male characters whom I've encountered in my life and where I thought: It's amazing how much lies slumbering inside them. Then suddenly there's a disease, for instance, and so I have a mood that grips me, or thoughts that come to me. Why or how psychological or physical illnesses arise. There's a drawing that I did shortly before the pandemic. Men are looking at each other, and then a sort of worm winds its way right through them. They're all caught up in it. I'm fascinated by the fact that everything can be viewed in a constantly new social context; that afterwards I experienced this feeling outside, when all the people displayed such strange behavior towards each other. Each person thought the other one had the virus. Everybody was suddenly suspect. Maybe I also find this theme interesting because my mother grew up in Romania under Communism, and similar atmospheres were prevalent there.

HK: But it's also a matter of the various relationships and interconnections. In your installations, it's apparent that many different objects, drawings, and materials come together. In your graphic works, too, there's a feeling—just as with "busy pictures"—that many different characters are crowded together.

SF: Yes; I was once told that the characters in my drawings are initially situated all together in a single space. But ultimately each one is alone. They're seldom really connected: more through their gazes than anything else. Often I start to draw, and then a character emerges; I notice that he has a skeptical look. Then I have the feeling that now he needs someone who is a bit closer to him.

viele unterschiedliche Charaktere aufeinandertreffen.

SF: Ja, mir wurde mal gesagt, dass die Charaktere in meinen Zeichnungen alle erst einmal zusammen in einem Raum sind. Aber letztendlich ist doch jeder für sich. Sie sind ja selten richtig in Verbindung, eher über die Blicke. Ich fange oft an zu zeichnen, und dann taucht da ein Charakter auf, und ich merke, dass der skeptisch schaut. Dann habe ich das Gefühl, dass der jetzt jemanden braucht, der ihm ein bisschen nähersteht.

HK: Irgendwo bilden sie ja dann doch wieder ein Beziehungsgeflecht. Die Figuren sind für sich, und dann kommt ein anderer Charakter dazu, ohne jedoch eine abschließende Geschichte zu erzählen.

SF: Genau, das ist dann keine abgeschlossene Geschichte, sondern eher eine momentane Stimmung ... Vielleicht ein bisschen wie eine Familienaufstellung, deshalb werden sie auch wieder zu Personen für mich, mit denen ich kommuniziere und von dem ich denke, der tut mir jetzt irgendwie leid, dass der so verloren dasteht. Und diese Charaktere, die dabei herauskommen, da denke ich dann gar nicht mehr unbedingt an die Zeichnung, die sind dann für mich wie Freunde oder Leidensgenossen.

HK: Aus der Zeichnung entsteht demnach eine eigene Welt bzw. ein eigener Kosmos, der zu deinen Begleitern wird. Das sind Lebewesen, das sind Figuren, bis hin zu Charakteren in den Filmen, die eigentlich zu einer Erweiterung deiner Zeichnung werden und einen wichtigen Part einnehmen.

SF: Ja, genau. Es hat alles so angefangen, dass ich eine Wunschwelt gezeichnet und mir ausgemalt habe, Teil dieser gezeichneten Welt zu sein. Es geht irgendwie um eine Atmosphäre, die die Zeichnung auslösen kann. Die gibt mir die Geborgenheit, nach der ich in dem Moment suche.

HK: Und dann gibt es in deinen Installationen diese kugelförmigen Objekte oder auch gestapelte Scheiben aus Pappe, auf die du Köpfe und Gesichter zeichnest. Sie wirken wie eine anonyme Menschenmenge oder Figurengruppen, die nicht näher zu bestimmen sind, aber trotzdem eine Stimmung widerspiegeln.

SF: Immer ist irgendwo in mir drin dieses Thema und die Frage, warum bin ich die geworden, die ich geworden bin, warum reagiere ich so, warum rede ich so. Bin das wirklich ich, oder ist das die Stimme von meiner Oma oder die Stimme von meinem Vater? Für mich sind diese gezeichneten Köpfe wie alle Schichten in uns drin, geprägt von vergangenen Zeiten, die immer noch wirken. So, dass man vielleicht schon lange Abstand zu der Stimme hatte, aber plötzlich etwas in einem neuen und erst mal ganz anderen Kontext hochkommt. Und manchmal stapele ich die Köpfe und denke dann: witzig, für welchen ich mich gerade intuitiv entscheide, welcher dann oben liegt, aber gleichzeitig weiß ich auch, welche darunter sind ... Für den Ausstellungsraum nehme ich die Köpfe oft erst mal alle mit, so wie man eh alle inneren Stimmen immer mit sich rumträgt, und dann schaue ich, was dabei rauskommt. Bestimmt hätte ich in einem anderen Raum und zu einer anderen Zeit eine ganz andere Gesichtskonstellation ausgesucht.

HK: Dieser Prozess des Zeichnens und Stapelns ist wie eine Hinterfragung der eigenen Biografie, die von vielen Kulturen und Reisen geprägt ist. Du bist sehr viel herumgekommen und hast oft überlegt, wo eigentlich dein Platz ist. Die Zeichnung hat da sicherlich auch geholfen, dir eine Beständigkeit zu geben.

SF: Ja, das ständige Umziehen und Reisen zieht sich durch mein Leben, aber es hat eben auch was Gutes. Ich kann mich schnell irgendwo zu Hause fühlen und mich einrichten. Innerhalb kürzester Zeit sieht der Raum, wo ich gerade lebe, sehr persönlich aus. Und das hat vielleicht

HK: But someplace or other, they reestablish a relational texture. The figures are autonomous, and then another character comes onto the scene—but without telling a concluding story.

SF: Exactly—it's not a story told to the end, but more of a momentary mood… Perhaps a little like a family constellation; for that reason they also become persons for me again. I communicate with them and think, I feel sorry for that one there, the way he is standing so lost and lonely. And the characters that emerge—I'm no longer necessarily thinking about the drawing—they're like friends or companions in misery for me.

HK: This means that the drawing gives rise to an independent world, or an independent cosmos, that becomes your companions. These are living beings, they're figures all the way to characters in the films that actually become an extension of your drawings and take on an important role.

SF: Precisely. Everything started when I drew a happy, imaginary world and pretended to be part of that drawn world. Somehow it's a matter of the atmosphere that a drawing can create. That gives me the sheltered feeling that I'm searching for in the moment.

HK: Then in your installations there are these sphere-shaped objects or also stacked discs made of cardboard, on which you draw heads and faces. They look like a crowd of anonymous people, or groups of figures that can't be more closely identified but nonetheless mirror a mood.

SF: Somewhere in me there's always this theme and the question why I became the person I turned into; why I react, why I speak in a certain way. Is that really me, or is it the voice of my grandma or of my father? For me, those drawn heads are like all the layers in us, marked by past times that still impact on us. In such a way that maybe you have distanced yourself from the voice for a long time, but then suddenly something comes to the fore in you, in a new and at first entirely different context. Sometimes I stack the heads upon each other and think: how strange that I just decided intuitively which one should lie on top; but at the same time I know which ones are to be found beneath… For the exhibition space, I often bring all the heads first, just as you always carry all the inner voices with you; then I look and see what comes to pass. It's certain that, at another place and at another time, I would have chosen an entirely different constellation of faces.

HK: This process of drawing and stacking is like an investigation of your own biography, which has been marked by many cultures and journeys. You've traveled around a good bit and have often reflected upon where your personal place actually is. Doing drawings has certainly been of help in giving you a sense of permanence.

SF: Yes, the constant relocations and journeys have been a theme of my life, but there's also something good about that. I can quickly feel at home anywhere, can establish myself there. Within a short period of time, the space where I'm currently living takes on an extremely personal appearance. And perhaps that has something to do with exhibitions spaces. How I respond to them. In principle, I move in with my drawings, so that I quickly feel safe and comfortable. Otherwise I feel foreign; then a sense of strangeness persists for too long.

HK: Not only do the drawings constantly surround you, but you also work consistently with an existing repertoire. So how does the idea develop from your drawings to the installations?

SF: It's a constant process. I imagine that this or that figure, a character or a setting, will experience a new performance. Such as a figure that is now in my room and accompanied me in

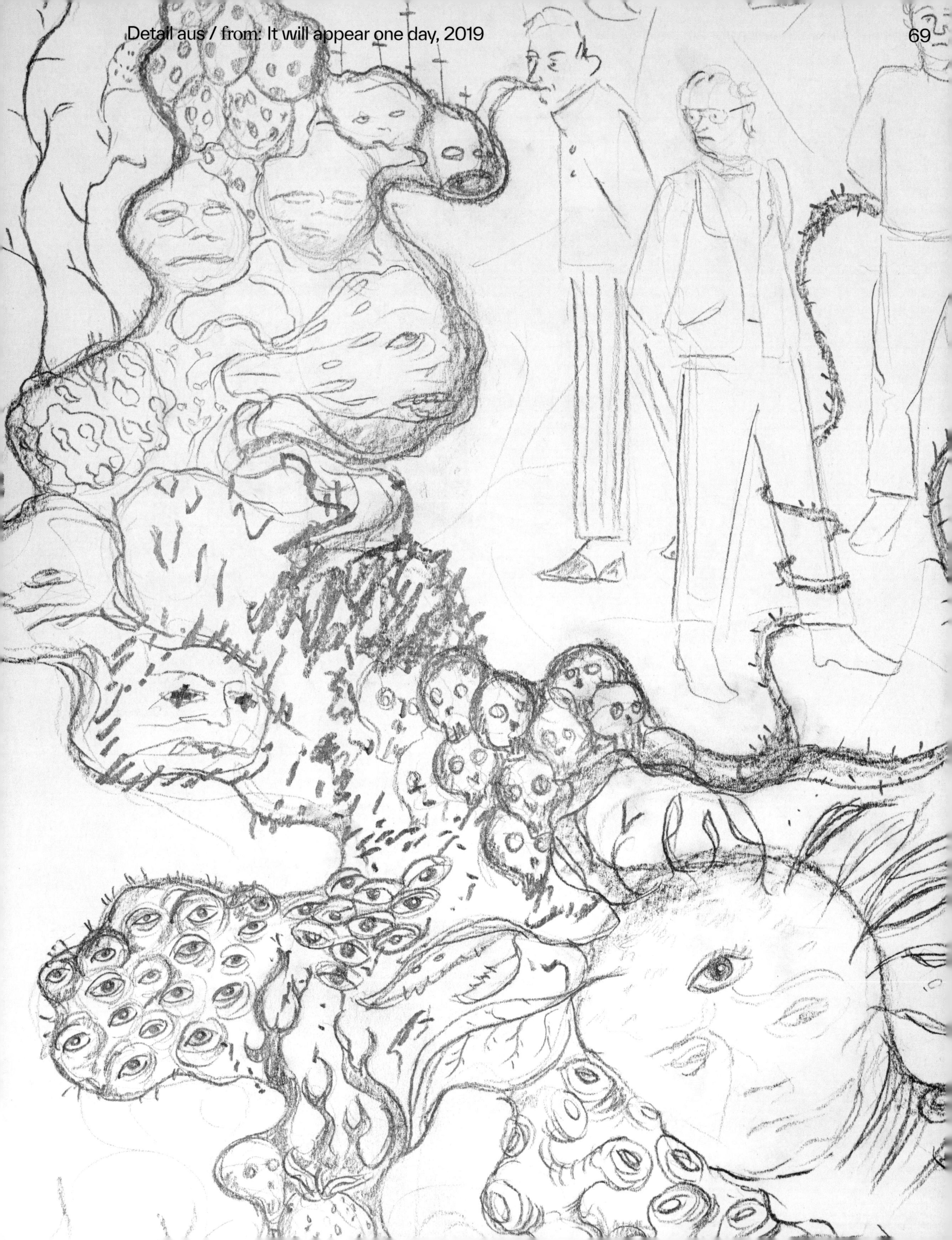

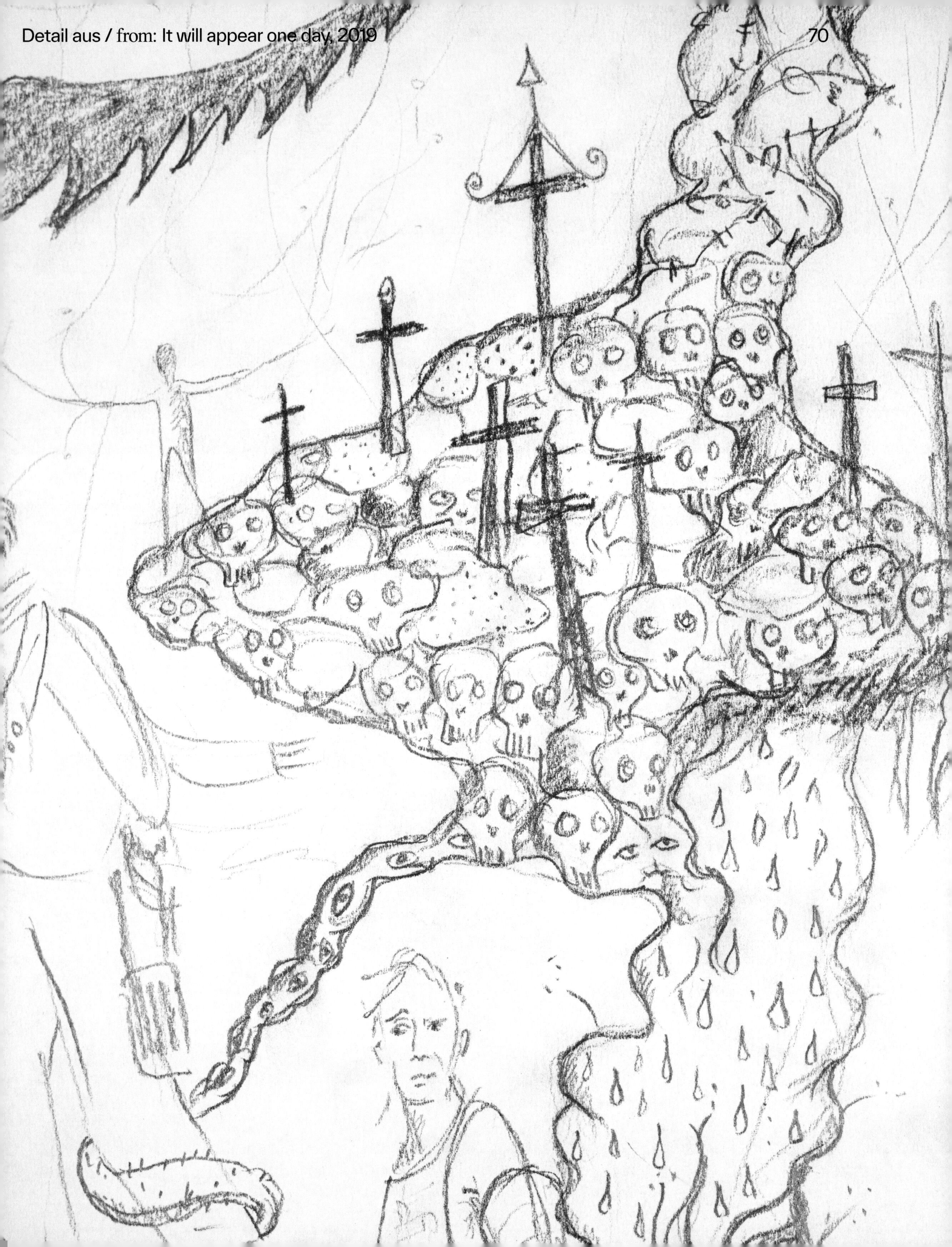

auch was mit den Räumen in Ausstellungen zu tun. Wie ich damit umgehe. Im Prinzip ziehe ich mit meinen Zeichnungen ein, damit ich mich schnell geborgen fühle. Sonst fühle ich mich da fremd, es bleibt zu lange so ein fremdes Gefühl.

HK: Die Zeichnungen umgeben dich nicht nur ständig, sondern du arbeitest auch immer wieder mit einem bestehenden Repertoire. Wie entwickelt sich dann die Idee von deinen Zeichnungen hin zu den Installationen?

SF: Das ist ein ständiger Prozess. Ich stelle mir vor, dass die eine oder andere Figur, ein Charakter oder eine Szenerie, noch mal einen neuen Auftritt bekommt. Etwa eine Figur, die jetzt in meinem Zimmer steht und mich die letzten Monate begleitet und etwas mit mir gemacht hat. Da hätte ich gerne, dass die im Raum groß steht. Ein anderer Aspekt ergibt sich aus der Ordnung in meinem Atelier. Viele räumen ihre Zeichnungen im Atelier immer schön in Schutzhüllen weg. Bei mir ist es eher so, dass alles schnell in einen Koffer kommt. Meistens weiß ich gar nicht mehr, in welchem Koffer jetzt die eine Zeichnung gelandet ist. Und genau das ist es, was ich nicht kontrollieren kann, sodass ich zum Beispiel für eine Installation einfach einen Koffer mitnehme. Ich habe bei mir im Atelier mehrere Koffer, die sind voll mit Zeichnungen und Dingen, und vielleicht habe ich den einen auch schon lange nicht mehr aufgemacht. Vielleicht nehme ich den auch einfach ungeöffnet mit, und dann passiert es, dass ich den aufmache – und das ist immer das Schöne. Da möchte ich dann auch immer alleine sein im Raum. Das sind Momente, die für mich sehr persönlich und intim sind. Da merke ich, dass eine bestimmte Figur oder ein Bild auftaucht, und das beeinflusst dann auch die Installation. Wer meine Arbeiten kennt, der freut sich womöglich, wenn er den ein oder anderen Charakter plötzlich wiedererkennt und beobachten kann, was der schon alles erlebt hat. Wie viele Transformationen er innerhalb meiner Arbeiten schon durchlaufen hat.

HK: Die endgültige Idee für die Installationen entsteht demnach erst vor Ort? Du hast vorher schon ein Thema oder zumindest eine ungefähre Vorstellung, wie du an den Raum herangehst, weil du deine Installationen immer in Bezug zu den verschiedenen Räumen entwickelst.

SF: Die Entscheidungen in dem Moment, wenn ich den Raum sehe, sind sehr wichtig. Da sich letztendlich mein Thema nicht von Jahr zu Jahr völlig verändert, erzähle ich nicht bei jeder Ausstellung plötzlich neue Sachen. Deshalb sind die Elemente in dem Koffer natürlich schon verbunden mit meinen Themen. Das wirkt manchmal sehr unvorbereitet, aber so ist es überhaupt nicht. Mir macht das einfach mehr Spaß, mit diesem Konzept zu arbeiten, wenn ich dann zum Schluss reinkomme und sehe, was daraus geworden ist, und zu Hause war es nur eine Skizze.

HK: Diesen lebendigen Prozess spürt man deutlich in den Installationen. Der Ausstellungsraum wird zu einer Art Labor oder eigentlich auch wieder zum Atelier.

SF: Ja, ich würde am liebsten einfach gerne sehr lange in diesem Raum bleiben, um alles, was ich mir vorstelle, in diesem neuen Kosmos zu machen. Zum Beispiel würde ich mir gerne einen Drucker in den Raum stellen, damit ich spontan etwas drucken könnte. Manchmal auch gern noch nach der Eröffnung. Ich trage auch gerne neue Elemente in die Ausstellung, wenn der Rahmen dafür geeignet ist. Wenn ich hier jetzt ein Jahr lang in dem Raum wohnen dürfte, dann wäre das mein Traum. Damit alles, soweit es geht, nicht mehr nach Ausstellungsraum aussieht.

HK: Gleichzeitig hast du für diese Ausstellung ein bestimmtes Thema im Sinn.

SF: Ja, genau, das Grundthema: „Where the Drawings Live". Im Sinne von: Wo leben die Zeichnungen eigentlich, was machen die so? Als der erste Lockdown kam, habe ich wieder gemerkt, wie viel eigentlich im Atelier passiert, was keiner sieht, und wie schade das ist. Schon bei den

recent months and had an effect on me. I'd like it to be big and standing there in the space. Another aspect emerges out of the order in my studio. In their studios, many artists always put away their drawings neatly in protective coverings. In my case, the drawings are instead placed quickly in a suitcase. Most of the time, I no longer know in which suitcase a drawing has ended up. And that's exactly what I can't monitor so that, for example, I simply take along a suitcase for an installation. In my studio there are several such suitcases, each full of drawings and things; perhaps I haven't opened one or the other for a long time. Maybe I simply take one unopened with me; and then it happens that I open it—which is always something marvelous. In that time, I always want to be alone in the space. Those are moments that are very personal and intimate for me. I notice that a particular figure or a picture comes to the fore, and that influences the installation. Someone familiar with my works might possibly be pleased when they suddenly recognize a character, and can observe all the things that it has already experienced, how many transformations it has already gone through within my works.

HK: So the final idea for the installations only arises on site? Beforehand you already have a theme, or at least a general notion of how you approach the space, because you develop your installations in relation to the different spaces.

SF: The decisions I make in the moment when I see the space are very important. Since in the end my theme doesn't change entirely from year to year, I don't suddenly narrate new things with each succeeding exhibition. For that reason, the elements in the suitcase are of course connected to my themes. That sometimes seems like a lack of preparation, but that's not the case at all. I simply take more pleasure in working with this concept when at the very end I enter and see what has become of it, and back at home it was only a sketch.

HK: This living process can clearly be sensed in the installations. The exhibition space turns into a sort of laboratory, or even back into a studio.

SF: Yes, most of all I'd like to simply remain for a long time in this space in order to create in this new cosmos everything that I imagine. For example, I'd like to place a printer in the space so that I could spontaneously print out something. Sometimes also even after the opening. I like to insert new elements into the exhibition when the framework is suitable for that. If I were permitted to live for an entire year in the space, that would be my dream. So that everything, insofar as possible, would no longer look like an exhibition space.

HK: At the same time, you have a certain theme in mind for this exhibition.

SF: Yes, exactly the basic theme: "Where the Drawings Live." In the sense of: Where do the drawings actually live, what are they doing? When the first lockdown came, I realized once again how much actually takes place in the studio without anyone seeing it there, and how unfortunate that is. Already at the time of the annual exhibitions at the university, my studio was always stuffed full. My drum set was in there, and many drawings were done on the wall. Then I got to know the works of Anna Oppermann and of other artists who proceed in a similar manner, and I began to see the quality of presenting space-encompassing installations that are closely connected to the everyday need to live with one's own work. It would really be too bad if no one were to see how the drawings otherwise just lie there and how painting relates to that, or texts that I have printed out and chosen a place for. All that together is quite intense. And at some point, I no longer wanted to show only an essence of this, but instead this very process, and to bring to light the connections that thereby arise… this was already the beginning of the concept for "Where the Drawings Live." When I take the drawings out of their actual living space and hang them in some place

Jahresausstellungen der Hochschule war bei mir im Atelier alles immer vollgestellt. Da war mein Schlagzeug drin und viele Zeichnungen an die Wand gezeichnet. Dann habe ich die Arbeiten von Anna Oppermann kennengelernt und andere Künstler*innen, die ähnlich vorgehen, und habe angefangen, die Qualität darin zu sehen, raumgreifende Rauminstallationen zu zeigen, die sehr nah am alltäglichen Bedürfnis sind, mit der eigenen Arbeit zu leben. Es wäre ja wirklich schade, wenn keiner sieht, wie die Zeichnungen sonst so daliegen und wie auch Malerei sich dazu verhält oder Texte, die ich dazu ausgedruckt und gelegt habe. Das alles zusammen ist sehr intensiv. Und ich wollte irgendwann nicht mehr nur eine Essenz davon zeigen, sondern genau diesen Prozess und die dabei entstandenen Verbindungen offen darlegen ... Das war schon der Anfang des Konzepts „Where the Drawings Live". Wenn ich die Zeichnungen aus ihrem eigenen Lebensraum nehme und irgendwo hinhänge, dann ist das fast so, als würde man jemanden, der kein Museumsmensch ist, in eine schicke Galerie stellen. Der würde sich vielleicht fehl am Platz fühlen, und so ist das auch mit meinen Arbeiten. Ich will sie nicht komplett aus ihrem eigenen Umfeld reißen und sie dann irgendwo alleine herumhängen lassen, damit sie bestaunt werden können.

HK: Erst die Verbindungen der Zeichnungen im Raum, diese offene Struktur zwischen Zeichnung, Film und Objekten, verdeutlichen deinen Arbeitsprozess, der nicht eingerahmt und abgeschlossen ist.

SF: Ja, genau. Denn dieses Lebendige der Zeichnungen finde ich total super. Die kriegen Charakter, die bekommen eine Persönlichkeit und irgendwie eine Rolle auf Augenhöhe mit den Betrachter*innen. Ich glaube, zu meinen Zeichnungen passt es einfach. Zeichnungen, die nur an der Wand hängen, sind eigentlich nicht unbedingt das, wovon ich träume. Außer, wenn ich damit spielerisch umgehen und aus dem Rahmen eine Skulptur machen kann, die dann wieder irgendwo herumliegen darf, wenn sie will.

HK: Die Zeichnungen werden zwar aus dem Atelier herausgenommen, aber sie haben immer noch diese Lebendigkeit, weil sie nicht direkt an die Wand kommen, sondern ihr Eigenleben im Ausstellungsraum entfalten können.

SF: Wie ich vielleicht schon ein wenig deutlich gemacht habe, bin ich nicht die Art von Künstlerin oder generell auch keine Person, die vor einer Situation alles genau durchplant. Was ich wie und wo platzieren werde, möchte ich vorher nicht bestimmen. Es gibt aber bestimmte Aspekte, die ich mittlerweile sehr gerne abgebe oder unbedingt nicht nur alleine entscheiden will. Z. B. liebe ich es, wenn ich, wie ich es nun auch wieder für die Ausstellung in der Kunsthalle machen werde, eine Skizze eines Teils der Rauminstallation an die Aufbauhelfer*innen abgebe und dann mit ihnen zusammen überlege, wie wir gemeinsam am besten diese Atmosphäre schaffen. In meinen Filmen sind oft genau solche Momente zu sehen, wie z. B. fünf Leute um einen großen Sonnenschirm herumstehen und versuchen, den in den Sand zu bekommen, oder überlegen, wo der hinsoll. Dann kippt der wieder um, und dann muss irgendwer schnell eine neue Lösung finden. Alle grübeln mit. Alles dauert ewig, und zum Schluss steht da was. Aber wie lange das hält, weiß kein Mensch. Die Inspirationen zu den Installationen entnehme ich tatsächlich oft meinen Fotografien oder Filmen. Ich habe auch eine Szene gefilmt, wie eine Frau unter einem wild zusammengeschusterten Steg am Meer eine Kippe dreht. Dieses provisorisch gebaute Zeugs in Süditalien oder eben in den Ländern, wo ich herkomme, das mag ich sehr. Ich mag es auch, dass es so aussieht, als würde jedes Teil, das das Ding zum Schluss zum Stehen bringt, woanders herkommen. Es wirkt zumindest oft so. Da mal 'ne Wäscheleine, da ein altes Kabel, dann irgendwie so ein kaputtes Stuhlbein und eine alte Werbeplane. So gestrandetes Zeugs inspiriert mich. Ich habe letztens jemanden sagen hören, dass Deutschland eine pathologische Angst vor Patina hat, und ich würde

or other, that's almost as if you were to thrust someone who's not a museum person into a chic gallery. Maybe they would feel like a fish out of water, and that's the way it is with my works. I don't want to rip them completely out of their own surroundings and then let them hang somewhere alone, simply so that they can be admired.

HK: It's only the connections of the drawings in the space, this open structure between drawing, film, and objects, that clarify your working process, which is not framed and concluded.

SF: That's right. Because I think this living energy of the drawings is just great. They acquire character, take on a personality and somehow a role that's eye-to-eye with the viewer. I believe that simply fits my drawings. Drawings that just hang on the wall aren't really what I dream of. Except for when I handle that aspect playfully, and can turn the frame into a sculpture that can then lie around somewhere if it so desires.

HK: Even though the drawings are removed from the studio, they still have this liveliness, because they don't come directly onto the wall but can develop a life of their own in the exhibition space.

SF: As I have perhaps already specified with a certain degree of clarity, I'm not the sort of artist and generally not the sort of person who plans everything precisely in advance. I don't want to decide beforehand what I'll place how and where. But there are certain aspects that in the meantime I'm happy to delegate, or that I definitely don't want to decide on alone. For example, one thing I love doing—just as I'll do again for the exhibition at the Kunsthalle—is to submit a sketch of part of the spatial installation to the set-up staff and then discuss with them how we can best collaborate to create this atmosphere. In my films there are often moments like that when, for example, five persons are standing around a large sun umbrella and they deliberate about where it should go and try to stick it in the sand. Then it falls over, and someone has to come up quickly with a new solution. Everyone ponders the question. Everything takes an incredibly long time, and finally something is standing there. But nobody knows how long it will endure. The truth is that I often find inspiration for the installations in my photographs or films. I also filmed a scene where a woman rolls a cigarette beneath a haphazardly cobbled-together walkway at the seashore. I really respond to this provisionally-built stuff in southern Italy or in the countries I come from. I also like that it looks as if every part that ultimately helps the thing to remain stable comes from somewhere else. At least, it often seems that way. Here a clothesline, there an old cord; then somehow a broken chair leg and an old advertising tarpaulin. I'm inspired by this sort of flotsam and jetsam. Recently I heard someone say that Germany has a pathological fear of patina; I'd say that, with me, it's the exact opposite. I like it when things have already experienced something; then lots happens in my imagination. So once this walkway is standing, only then do I decide what objects and drawings I'll position around it. If it comes across as too smooth and as if attempting to appear too perfect, then I try to free it from that condition.

HK: You've also done several studio videos. In them you document how your drawings are created and, at the same time, you take up contact with an imaginary public.

SF: Yes; I intend to present this situation for the exhibition in the Kunsthalle as well. Like a sort of additional program behind the scenes. In that way, I want to bring to light how much uncertainty we actually have in our heads while we work, or how many voices in your head speak to you. Everything possible: the family, the public, the institution presenting the exhibition, the curators with whom the collaboration is occurring at the moment. What they think, what they want, what I want, where I'm presently situated. The trick is to ignore these buzzing voices as

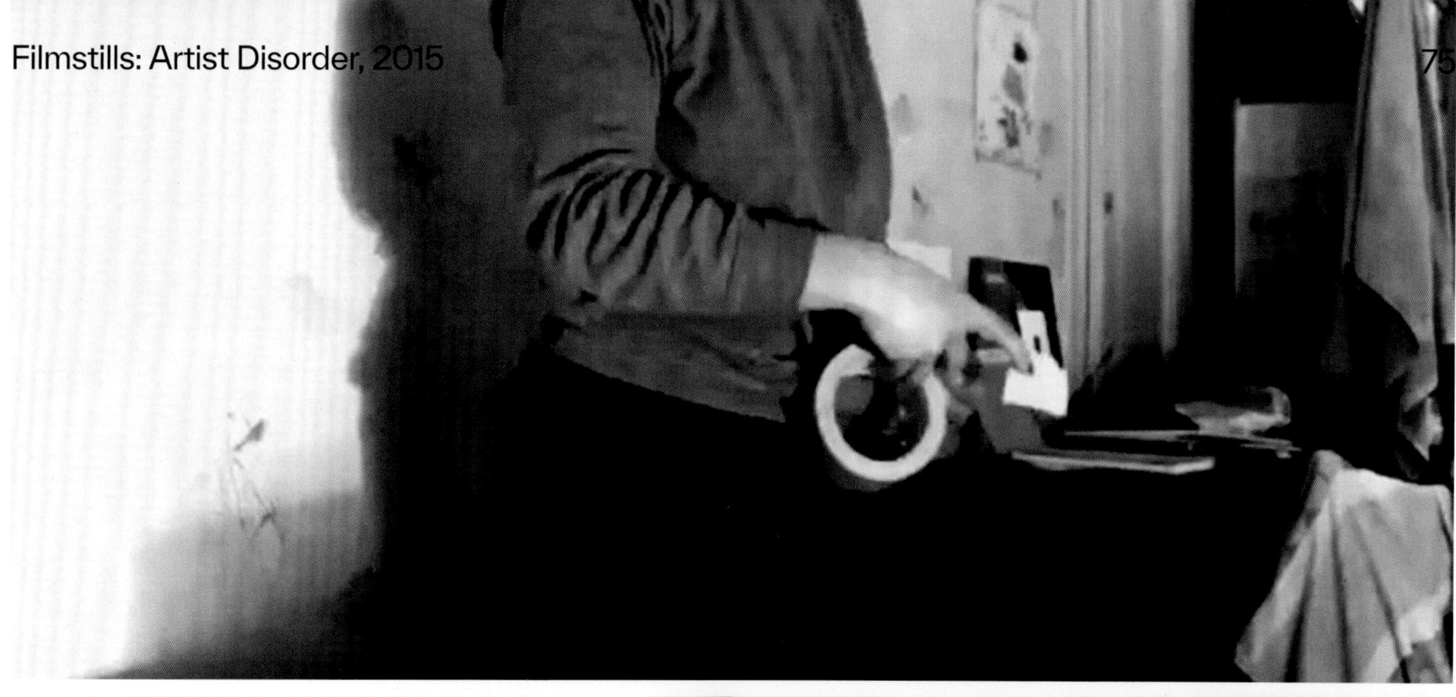

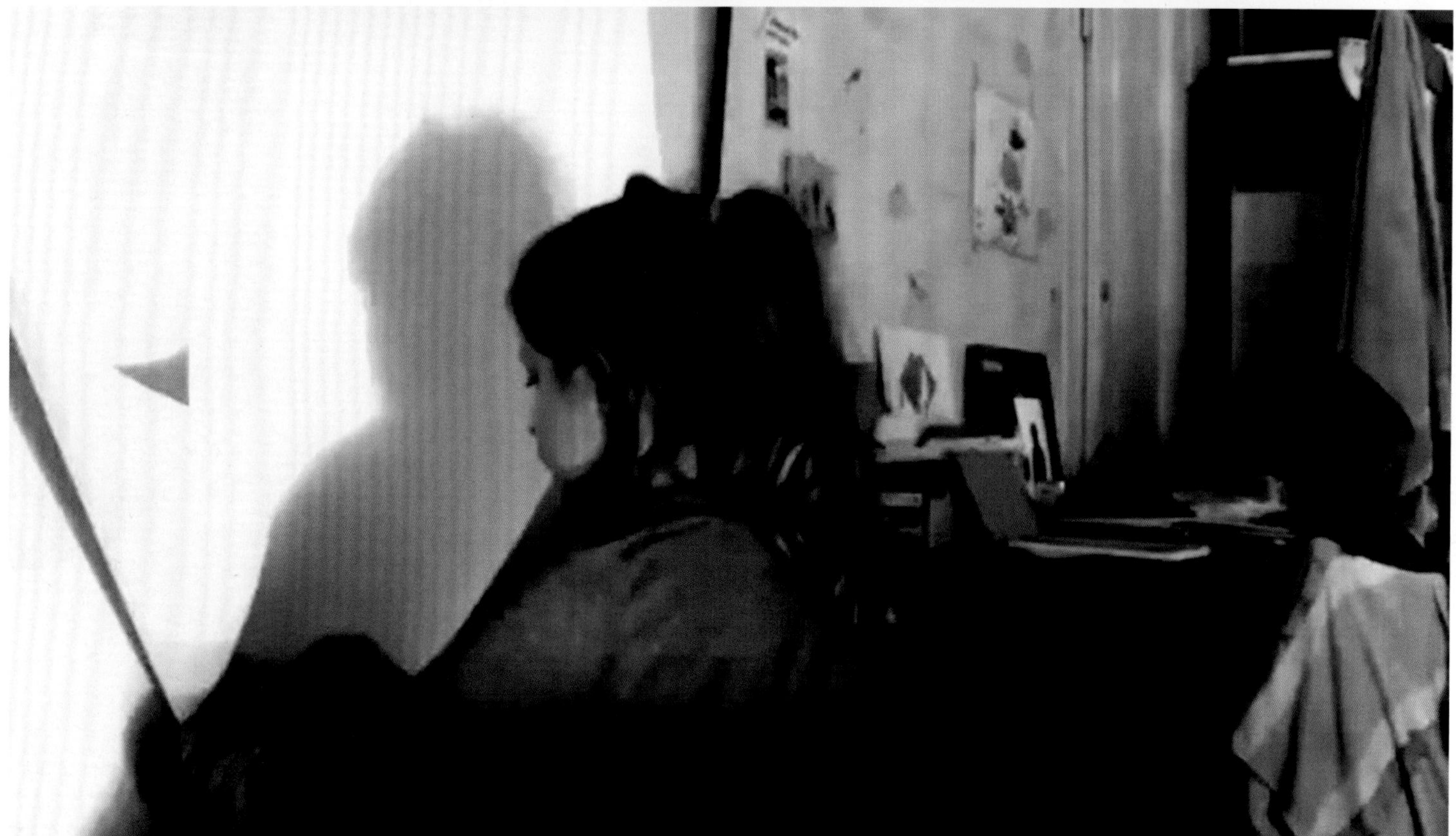

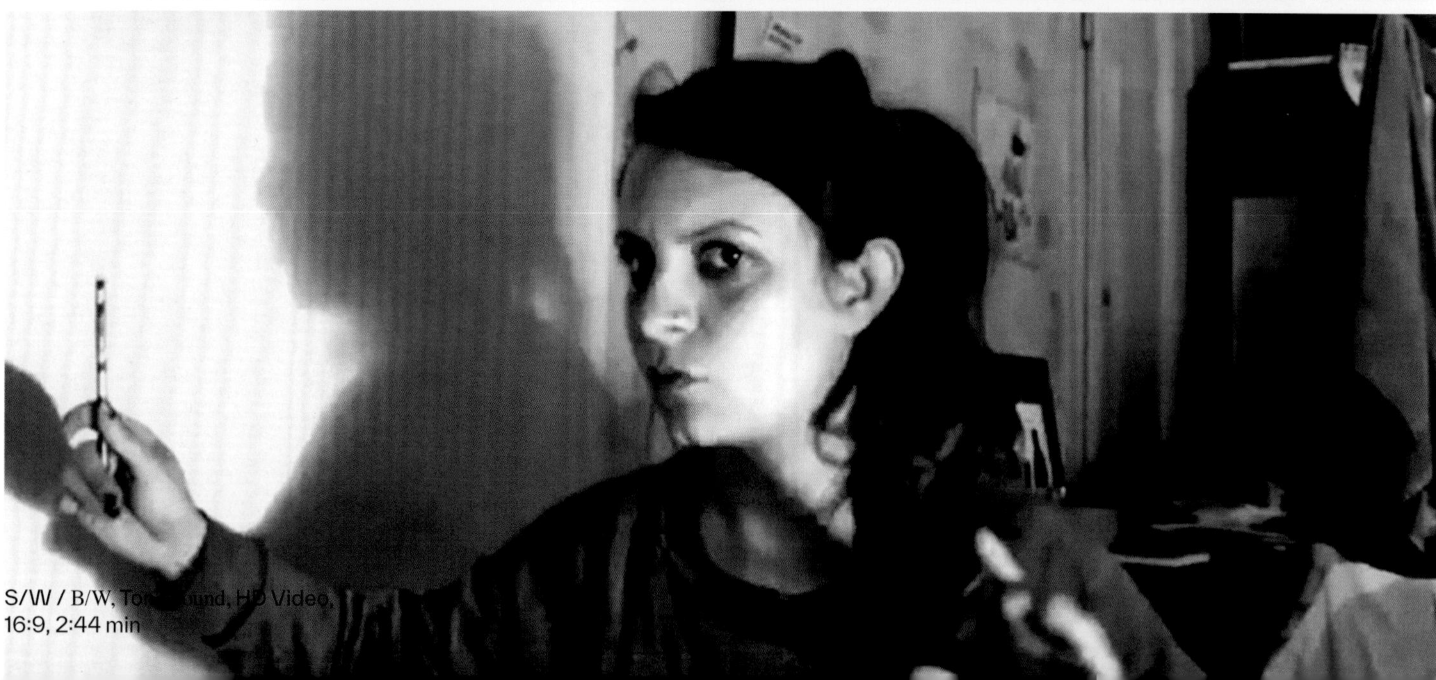

S/W / B/W, Tonsound, HD Video,
16:9, 2:44 min

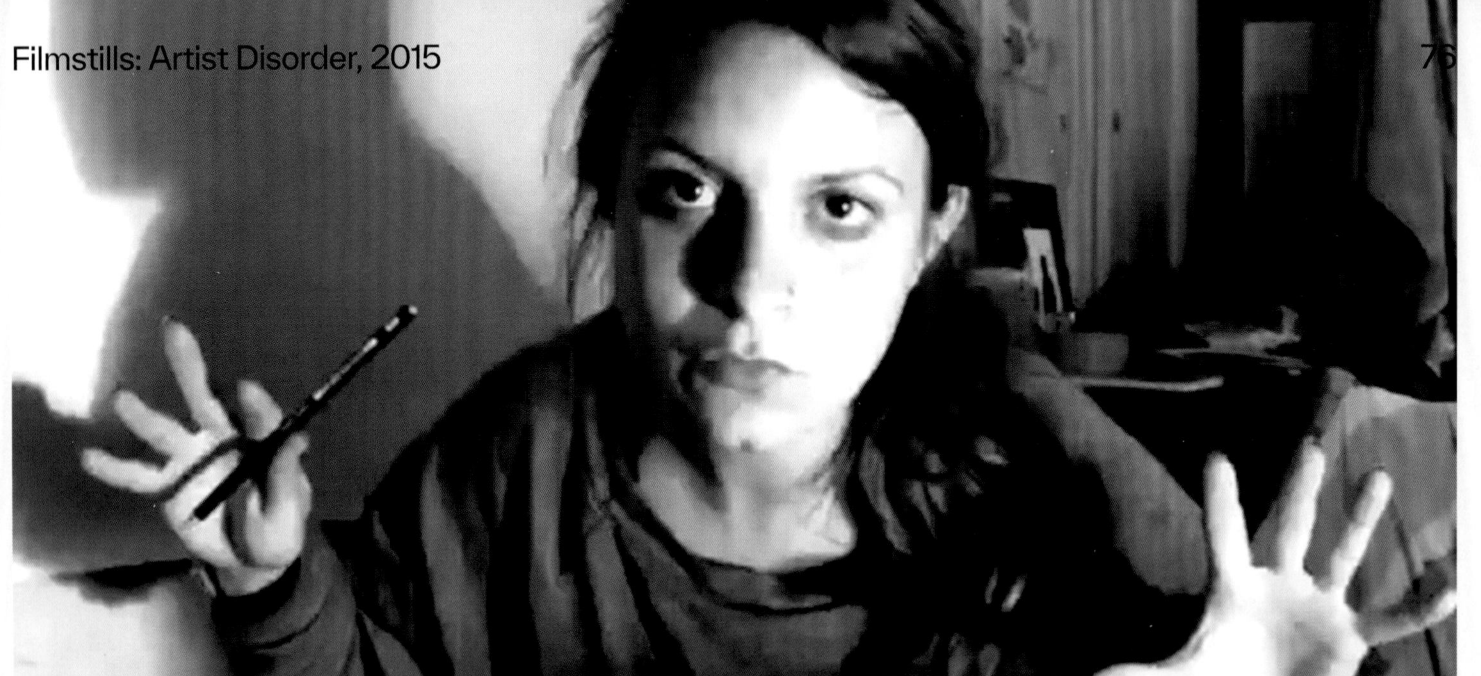

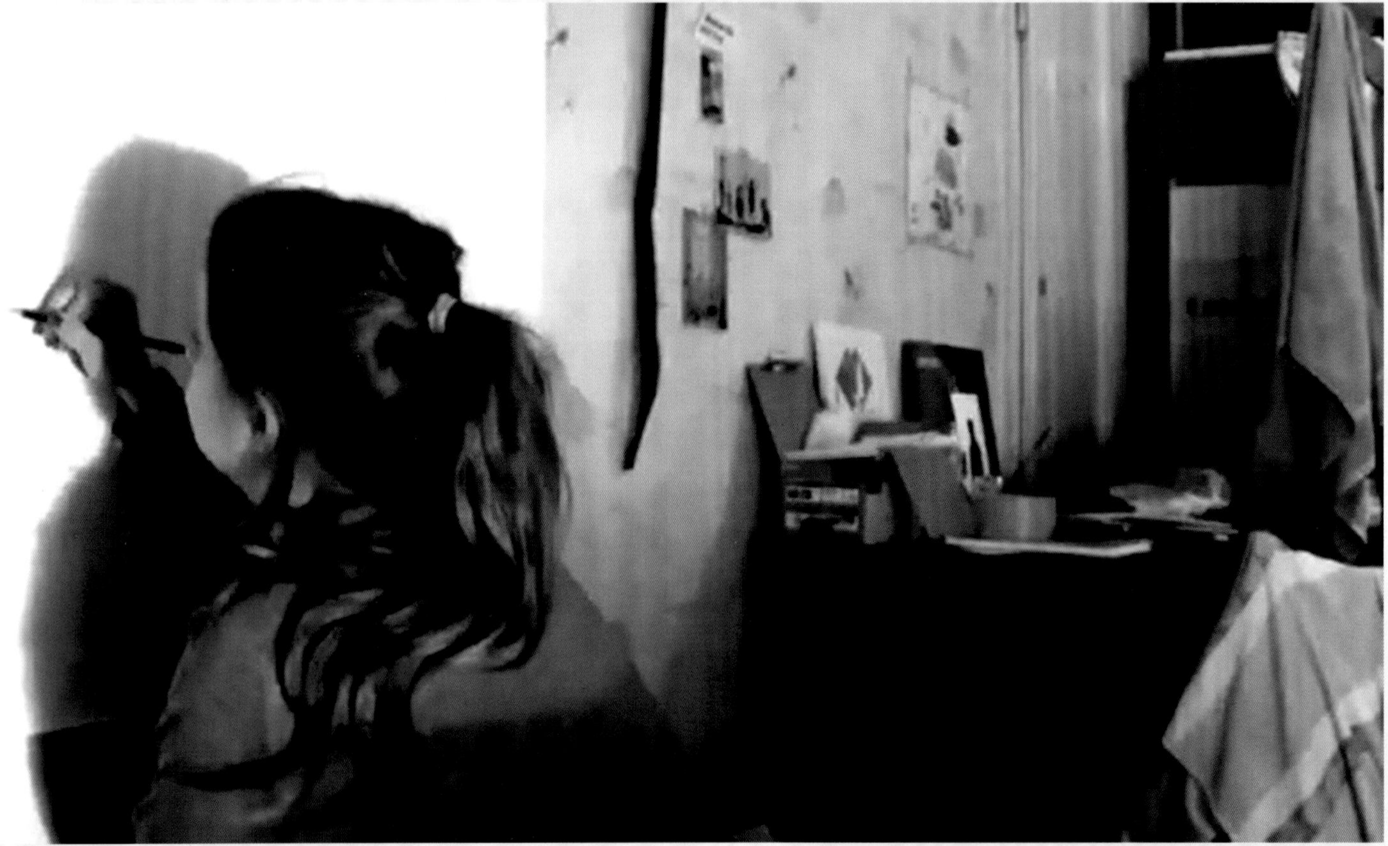

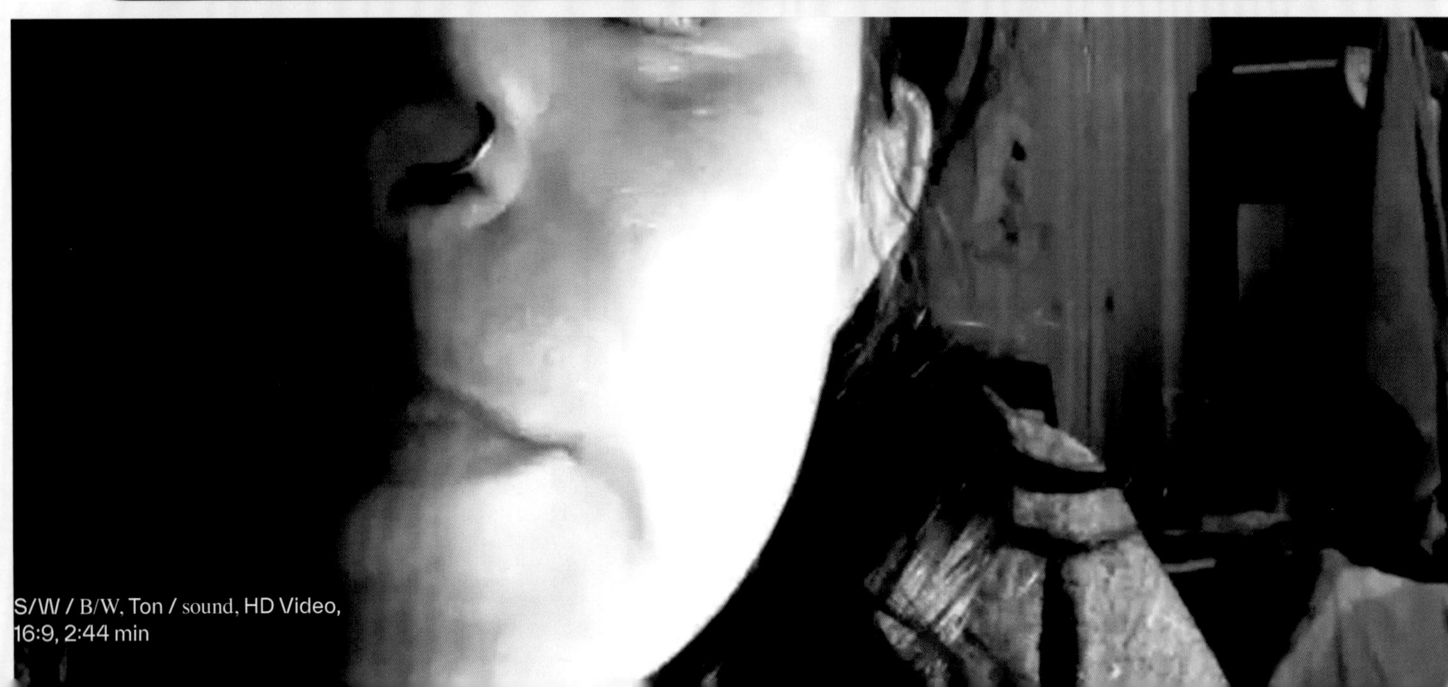

S/W / B/W, Ton / sound, HD Video,
16:9, 2:44 min

sagen, bei mir ist es genau das Gegenteil. Ich mag es, wenn die Dinge schon was erlebt haben, dann passiert bei mir so viel in meiner Fantasie. Wenn also dieser Steg steht, dann erst entscheide ich, welche Objekte und Zeichnungen ich wie dazu positioniere. Wenn der zu glatt daherkommt und zu perfekt aussehen will, dann versuche ich, ihn davon zu befreien.

HK: Du hast auch mehrere Ateliervideos gemacht. Dabei dokumentierst du, wie deine Zeichnungen entstehen, zugleich nimmst du Kontakt zu einem imaginären Publikum auf.

SF: Ja, ich habe vor, auch für die Ausstellung in der Kunsthalle diese Situationen zu zeigen. Wie eine Art Zusatzprogramm: „behind the scenes". Ich will damit auch offenlegen, wie viel Unsicherheit wir eigentlich im Kopf haben, während wir arbeiten, oder wie viele Stimmen im Kopf mit einem selbst sprechen. Alles Mögliche: die Familie, das Publikum, das Ausstellunghaus, die Kurator*innen, mit denen man in dem Moment zusammenarbeitet. Was denken die, was wollen die, was will ich, wo stehe ich gerade. Die große Kunst ist es, so gut es geht dieses Stimmengewirr beim Arbeiten auszublenden. Aber ich finde es auch schade, wenn man nicht mal in der Kunst darüber sprechen kann, dass es eben nicht immer so leicht geht. Und das finde ich immer so schlimm, wenn das gar keiner mitbekommt. Ich finde das auch total wichtig für die Kunst, dass darüber gesprochen wird, was da alles so passiert die ganze Zeit. Und es eben nicht nur so ist, dass man gut gelaunt und ganz bei sich eine schöne Zeichnung anfertigt und die dann irgendwo schön aufhängt und happy ist. Ich bin einfach ein Fan davon und sehe es als große Stärke, wenn Menschen über ihre Unsicherheiten offen sprechen können. Und als Künstlerin sehe ich mich in der Verantwortung, das in meiner Arbeit zu verhandeln.

HK: Interessant ist ebenfalls, wie das Grafische alles durchdringt, d. h. auch der Film eindeutig diese grafischen Elemente beinhaltet.

SF: Die Charaktere werden aus dem Film digital „ausgeschnitten" und als kleine Aufsteller auch auf den Steg platziert. Es ist spannend zu sehen, wie die dann zusammen im Raum mit oder durch unterschiedliche Medien in Kontakt treten.

HK: Alle deine gezeichneten Arbeiten und Filme sind in Schwarz-Weiß, die Farbe kommt im Grunde nur durch Objekte mit ins Spiel.

SF: Schwarz-Weiß war kein bewusst gewähltes Gestaltungskonzept. Dass die Filme in Schwarz-Weiß sind, liegt daran, dass meine ästhetische Welt oder meine Bildwelt so angelegt ist. Ich habe immer nur schwarz-weiß gezeichnet. Ich habe auch noch super viele Schwarz-Weiß-Fotos von meiner Familie. Diese Bildwelt begleitet mich schon lange, deshalb mache ich auch selber solche Bilder oder brauche diese Schwarz-Weiß-Ästhetik, um selbst Zugang zu finden. Es ist auch eine Art von Abstraktion. Dann kann ich mehr Abstand nehmen von dem Moment und das Material durch die Abstraktion, die durch die Farbreduktion stattfindet, besser als Kunst weiterverarbeiten. Dadurch gewinne ich Distanz zur realen Welt. Ich gehe mit dem Material dann einfach grafischer um und sehe Flächen und Charaktere, die schon fast wie gezeichnet aussehen. Sie bestehen nur noch aus Flächen und Linien, weil es meistens ja auch eine ältere Kamera ist, mit der ich filme, die nicht alles so super scharf zeichnet.

HK: Deshalb verbinden sich diese beiden Medien ja auch so gut. Gerade unter dem Aspekt der Abstraktion und Grafik, die in deinen Filmen deutlich zum Vorschein kommt. Mit dem Film wendest du dich demnach auch nicht von der Zeichnung oder von der Grafik ab, sondern es handelt sich einfach um ein anderes Ausdrucksmittel.

much as possible while working. But I also think it's too bad when you can't even speak in art about the fact that things are not always so terribly easy. And I always think it's really bad when no one gets that message. I also believe it's totally important for art that a discussion occurs about everything that's happening the entire time. And it's not only the case that you do a beautiful drawing when you're in a good mood and entirely self-possessed, and that it then hangs happily and prettily somewhere. I'm a fan of candor, and I consider it to be a great virtue when people are able to speak openly about their uncertainties. And as an artist, I feel called upon to address this theme in my work.

HK: It's likewise interesting how the graphic aspect pervades everything, i.e., how the film also clearly contains these graphic elements.

SF: The characters are digitally "cut out" of the film and placed as little figures onto the walkway as well. It's exciting to see how they then come together in the space, or enter into contact through different media.

HK: All your drawings and films are done in black-and-white; it's only with the objects that color comes into play.

SF: Black-and-white wasn't a deliberate chosen compositional concept. The fact that the films are in black-and-white is because my aesthetic world—or my visual world—is so structured. I've always drawn only in black-and-white. I've also got loads and loads of black-and-white photos of my family. This visual world has accompanied me for a long time; that's why I also do such pictures myself, or need this black-and-white aesthetic in order to gain access on my own terms. It's a sort of abstraction as well. Then I can distance myself more from the moment and am better able to give artistic treatment to the material through the abstraction that occurs by means of the reduction of color. In this way, I achieve a distance to the real world. I then take a more graphical approach to the material, and see surfaces and characters that look almost as if they'd been drawn already. They now consist merely of planes and lines, because most of the time it's an older camera that I use for filming, one that doesn't render things with super-high resolution.

HK: That's why these two media can be combined so well—particularly under the aspects of abstraction and graphic art that come to light so clearly in your films. With film you accordingly don't turn away from the drawing or graphic art; instead it's simply a matter of another means of expression.

SF: I started with the films in Romania. I considered it inappropriate to use pencil and pad to sketch, out on the streets, the settings, conversations, gestures and attitudes, or facades and backdrops that I found interesting. Then when I started with the camera, I thought that I could bring all that together better and also make it present in the space. Once again, it's almost as if the site was on-site and I was there again.

HK: You clearly look with the gaze of the draftsperson or the observer.

SF: I guess so. Earlier I also drew storyboards without filming them; I think this storyboard aesthetic—inventing settings, how someone is present in the space, when the space is too empty, in other words compositional considerations—had an influence on me. This is another instance of the behind-the-scenes perspective that so fascinates me: what could previously be found in the space… This is something I thought about every day: when is an image catchy, when is it interesting for me. And then I developed this into a visual language that is probably now visible in the drawings and in the films.

HK: And what is perhaps special about the visual language of the film that you selected for this installation?

SF: Mit dem Filmen habe ich in Rumänien begonnen. Ich fand es unpassend, Szenerien, Gespräche, Gesten und Haltungen oder Fassaden und Kulissen, die mich interessieren, mit Stift und Block auf der Straße zu zeichnen. Als ich dann mit der Kamera angefangen habe, dachte ich, dass ich das so besser zusammenbringen und auch im Raum präsent machen kann. Das ist dann fast schon wieder so, als wäre der Ort vor Ort und ich wieder dort.

HK: Du schaust eindeutig mit dem Blick der Zeichnerin oder der Beobachterin.

SF: Ich glaub schon. Ich habe auch früher Storyboards gezeichnet, ohne zu filmen, und ich glaube, dass diese Storyboard-Ästhetik, d. h. Szenerien erfinden, wie steht jemand im Raum, wann ist der Raum zu leer, also einfach Komposition, mich beeinflusst hat. Das ist eben auch so dieses „behind the scenes", was mich beschäftigt: Was hat vorher schon in dem Raum gestanden … Ich habe mich jeden Tag damit befasst: Wann ist ein Bild catchy, wann ist es für mich interessant, und dann habe ich daraus eine Bildsprache entwickelt, und die ist jetzt wahrscheinlich in der Zeichnung und im Film sichtbar.

HK: Und was ist vielleicht gerade das Besondere an der Bildsprache des Films, den du für diese Installation ausgewählt hast?

SF: Bei dem Film, den ich zeigen werde, We did this for thousand years, gibt es mehrere Parts. Das wird wahrscheinlich eine unendliche Schleife sein. Mein Filmarchiv ist voll mit Szenerien aus verschiedenen Ländern, Wohnorten, Reisen etc. Und dann, wenn ich anfange, einen Film zu machen, zum Beispiel zu dieser Reihe We did this for thousand years, dann mixe ich aus allen Ländern die Szenen zusammen. Dadurch, dass alles in Schwarz-Weiß ist, weiß man dann irgendwann nicht mehr so genau, wo das überhaupt war. Diese Fragen: Wo ist das, wann war das, wer ist das, hast du das selber gefilmt, oder ist das aus irgendeinem Archiv – das ist mir nicht wichtig, und ich finde es gerade spannend, dass wir teilweise gar nicht mehr erkennen, ob das heute ist oder aus vergangener Zeit und was das auch über uns aussagt. Das heißt ja, dass vieles sich auch gar nicht verändert hat oder immer noch ist wie damals. Und dieser Mix ist für mich auch so spannend, weil ich ja sehr interkulturell aufgewachsen bin, also von mehreren Kulturen geprägt: Deutschland, Italien, Rumänien.

HK: Dieses Thema der kulturellen Vielfalt ist immer wieder unglaublich wichtig für deine künstlerischen Ansätze. Auf deinen Reisen und in deinen Filmen suchst du nach Vertrautem und Gleichem, da dir die Unterschiede, aber vor allem die Ähnlichkeiten besonders bewusst sind …

SF: Da kommt so viel zusammen, fließt über das andere drüber und taucht mal mehr oder weniger auf. Wenn ich in Italien bin, bin ich auch ein bisschen anders als hier, und in Rumänien und in den Filmen verhandele ich das auch dadurch, dass die Szenen ineinander übergehen und man nicht mehr weiß, wo hört eigentlich die eine Kultur auf und wo fängt die andere an, was verbindet sie alle letztendlich miteinander. In dieser Videoreihe We did this for thousand years taucht auch immer wieder die gezeichnete Welt auf und verbindet sich mit der realen Welt. In meiner jüngsten Videoreihe Ciao Bella geht es vor allem um meine Beziehung zu Italien und um gesellschaftspolitische Themen mit Italienbezug. Das beschäftigt mich zwar immer noch, aber im Moment bin ich verbundener mit der gezeichneten Welt. Wahrscheinlich brauche ich sie gerade wieder mehr als Abgrenzung und Schutz vor den großen Themen und nicht nur harmonischen Stimmungen dieser Zeit.

SF: In the film that I'll be showing, We did this for thousand years, there are several parts. It will probably be an endless loop. My film archive is full of scenes from various countries, places of residence, journeys, etc. And then when I begin to make a film—for example, for this series We did this for thousand years—then I mix together scenes from a host of countries. Since everything is in black-and-white, at some point you no longer know what that was at all. These questions—where is that, when was it, who is that, did you film that yourself or is it from some archive or other—none of that is important to me, and I consider it quite exciting that, to some extent, we no longer recognize whether it is today or from a past era, and what that says about us. So this means many things haven't changed at all, or that they're still the same as back then.
And this mix is so exciting for me because I grew up in an extremely intercultural environment, so that I am marked by several cultures: Germany, Italy, Romania.

HK: This theme of cultural variety is always incredibly important for your artistic approaches. During your journeys and in your films, you seek for what is familiar and equivalent, because you are particularly conscious of the differences, but especially of the similarities…

SF: So many things come together; one thing flows over the other and comes to prominence, sometimes more, sometimes less. When I'm in Italy, I'm somewhat different than I am here; and in Romania and in the films, I also come to terms with that phenomenon by letting the scenes merge into each other so that you no longer know where one culture actually comes to an end and the other begins, what ultimately connects them all with each other. In the video series We did this for thousand years, the drawn world appears repeatedly and links up with the real world.
In my most recent video series Ciao Bella, the focus is above all on my relationship to Italy and to social-political issues with reference to Italy. That continues to occupy my attention, but at the moment I am more connected with the drawn world. Probably once again I have need of more separation and protection from the major issues and from the not only harmonious atmospheres of this era.

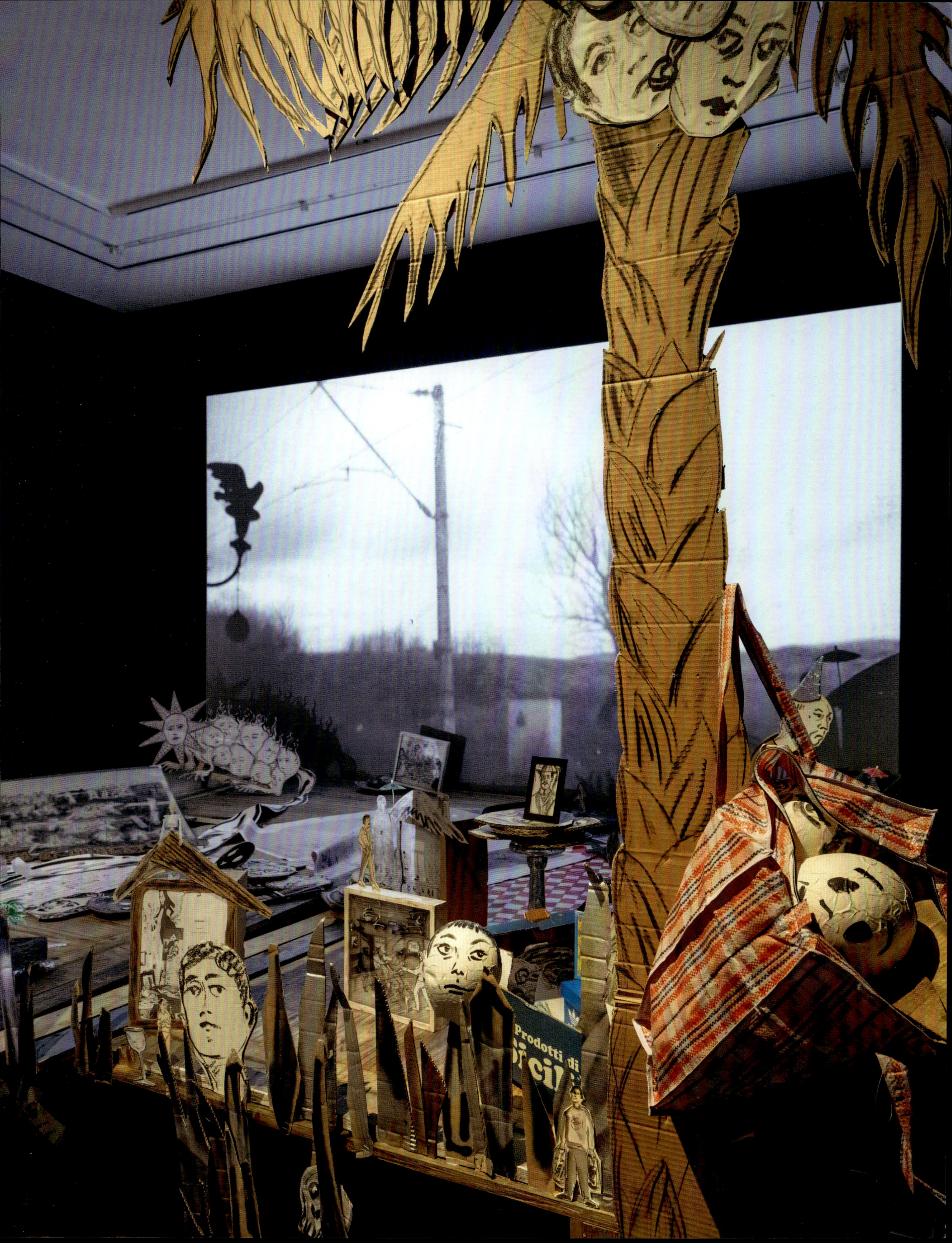
Prodotti di

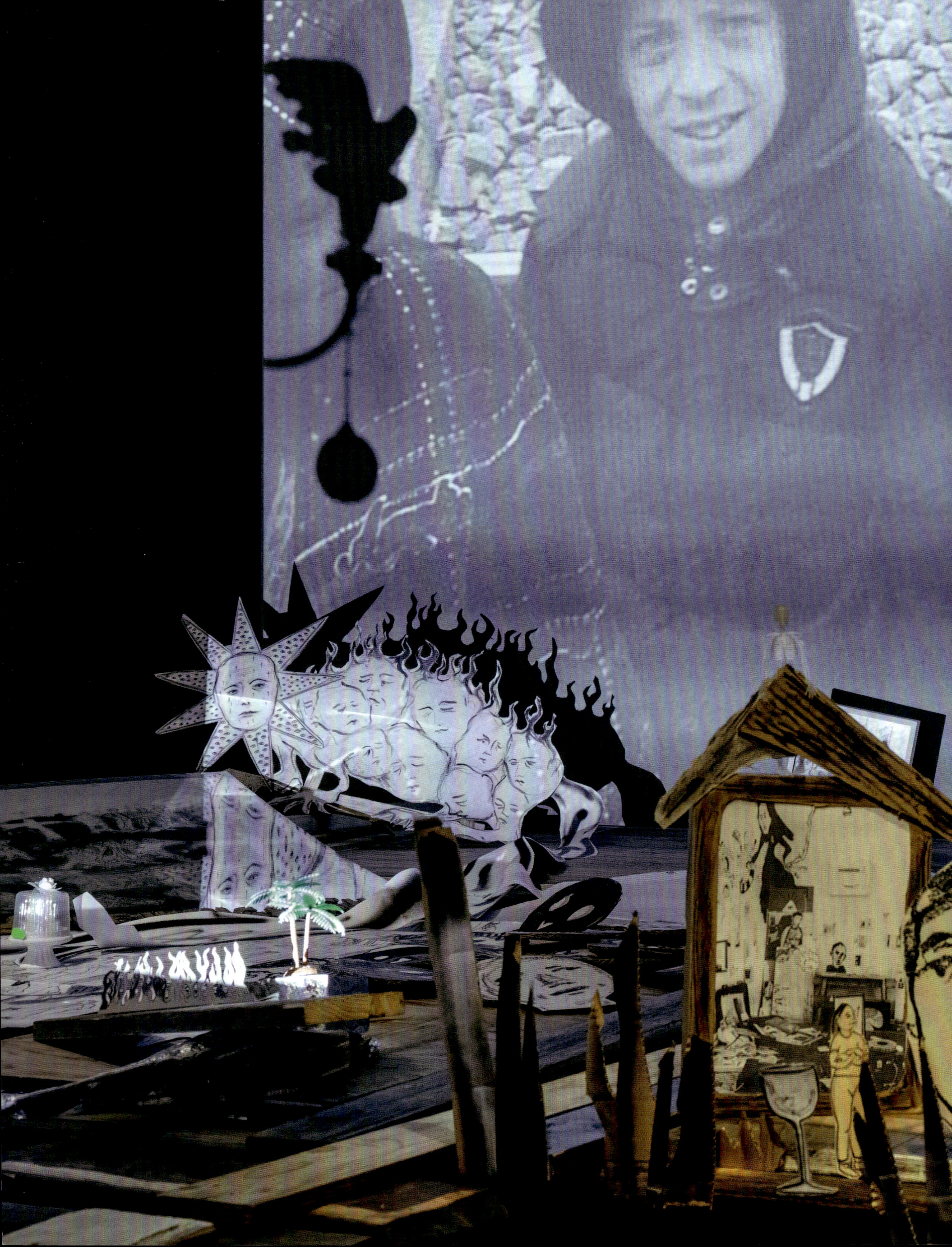

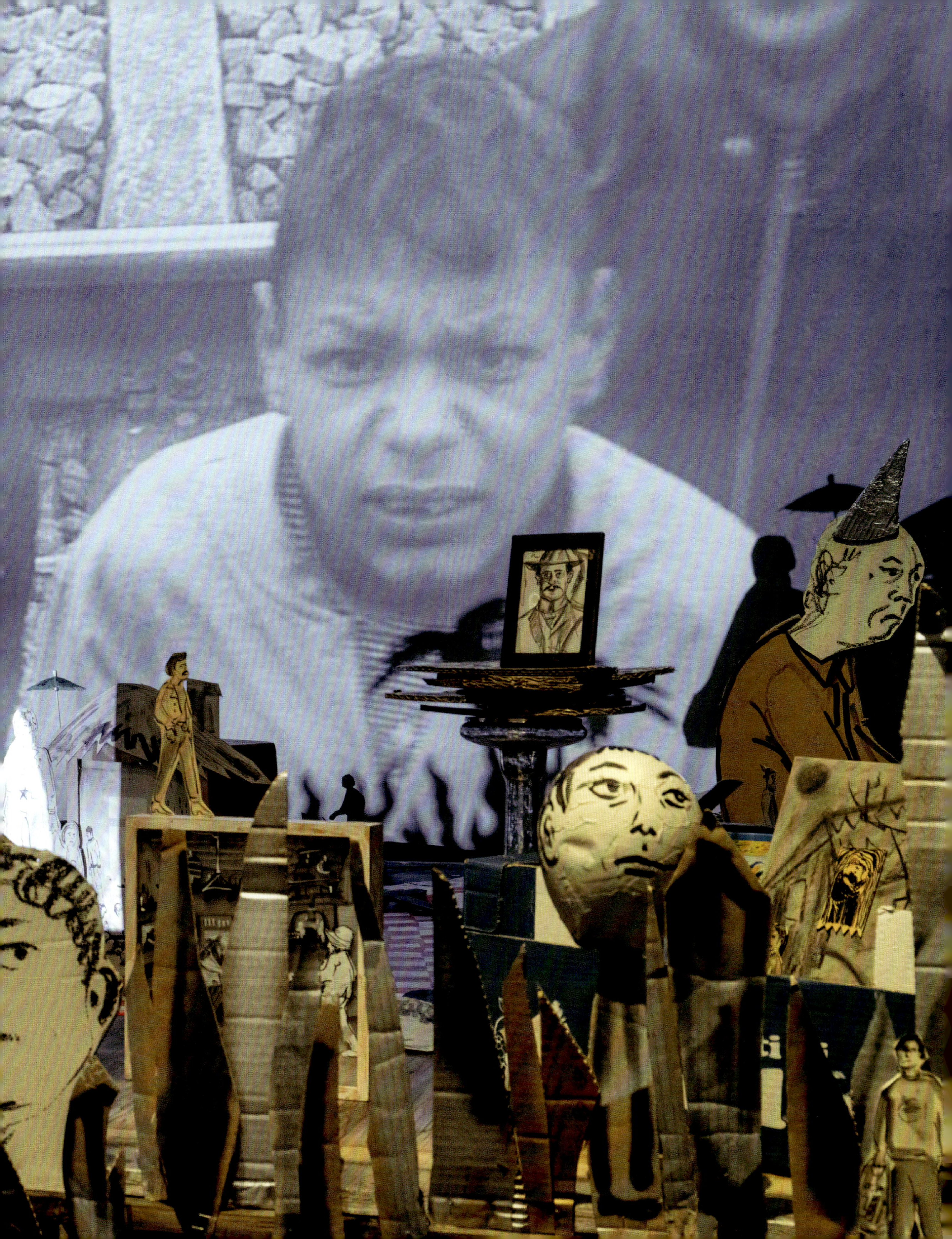

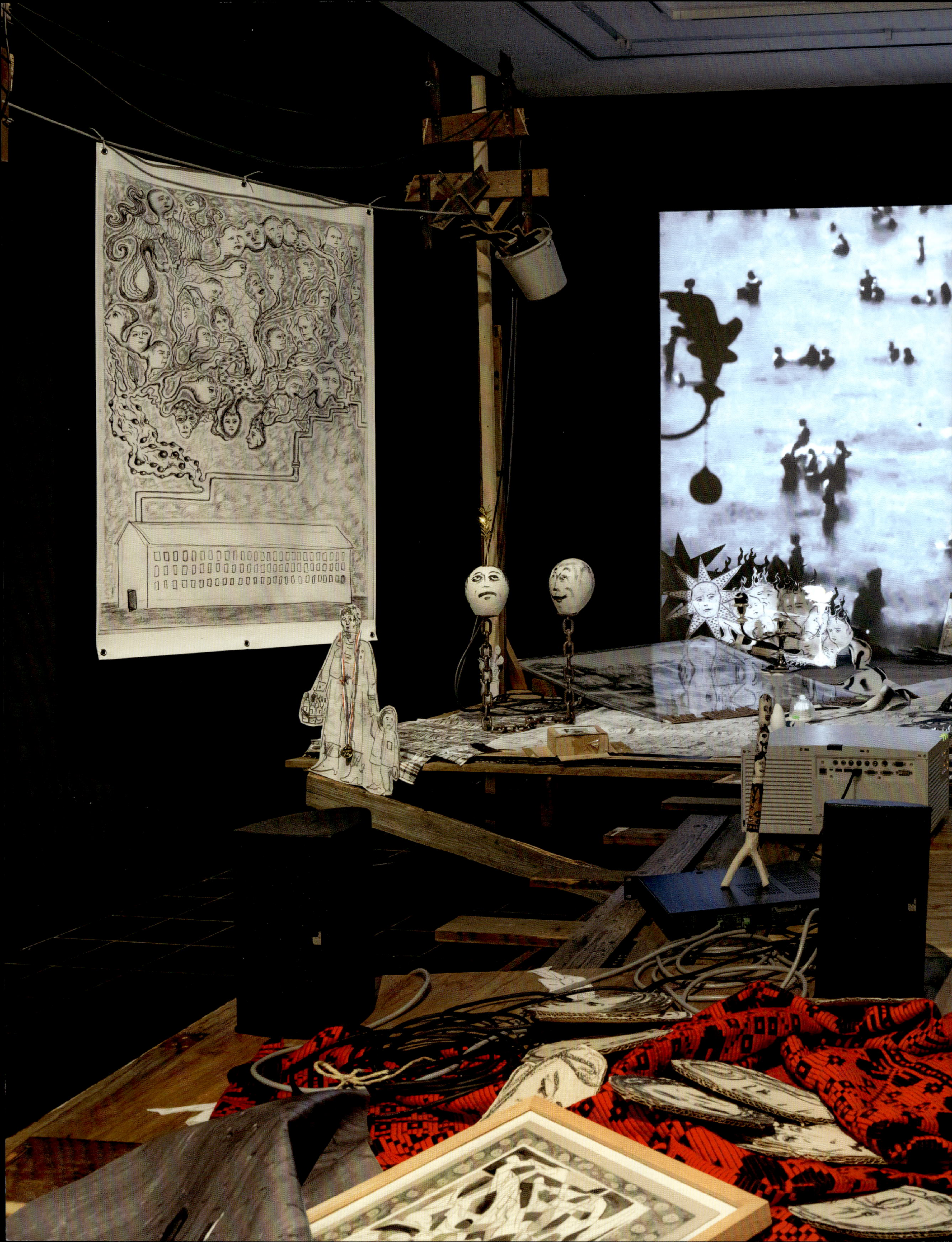

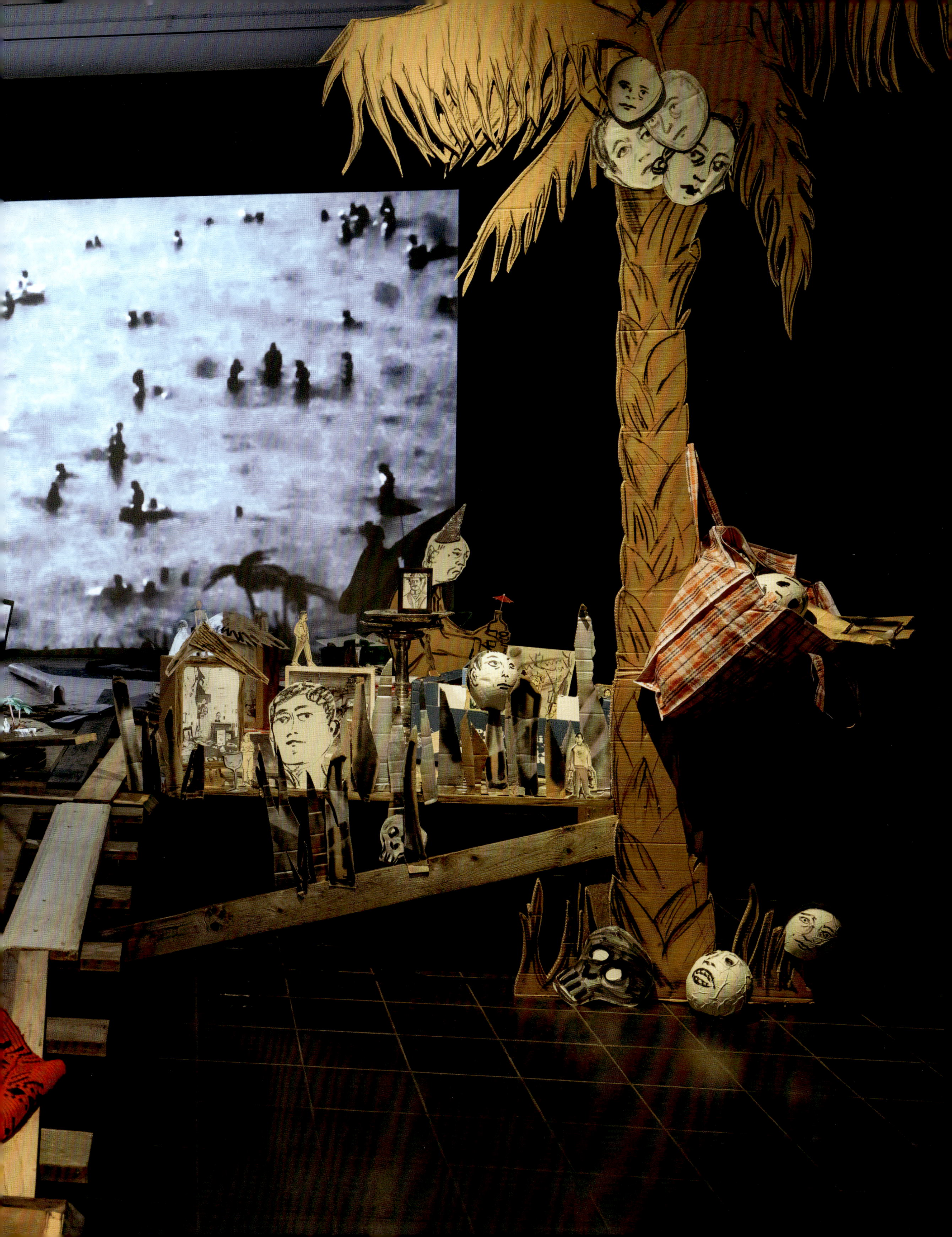

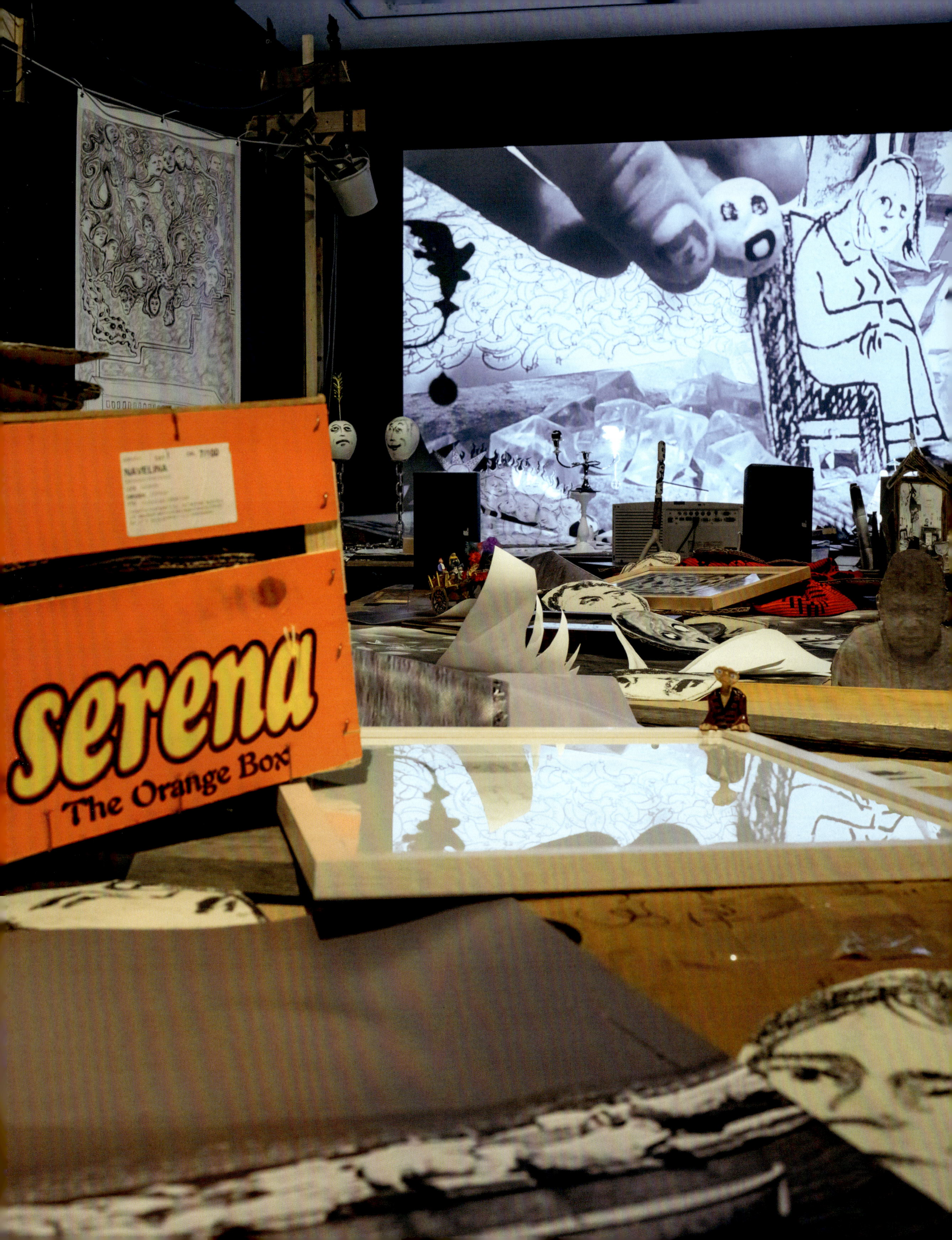
serena
The Orange Box
NAVELINA

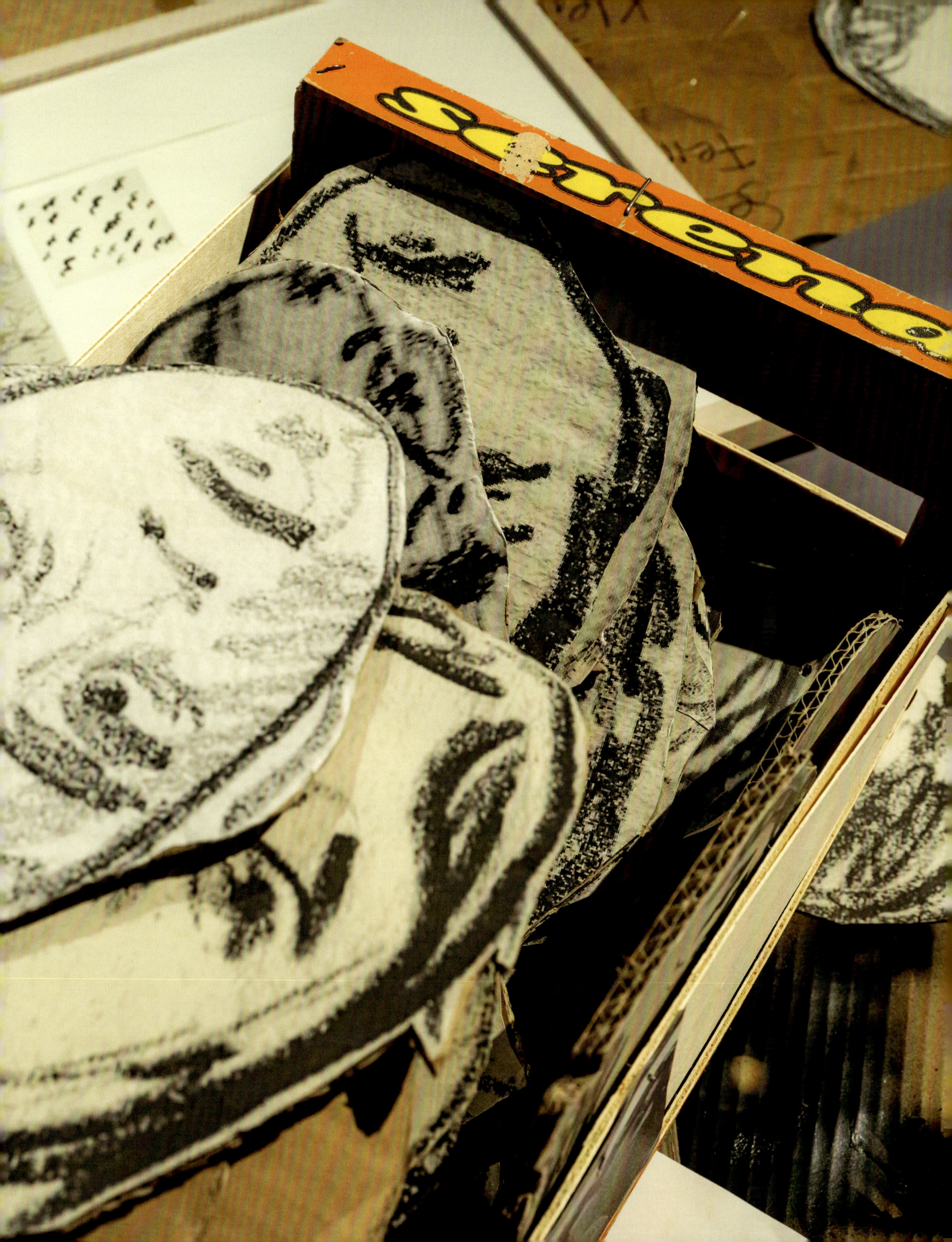
serena

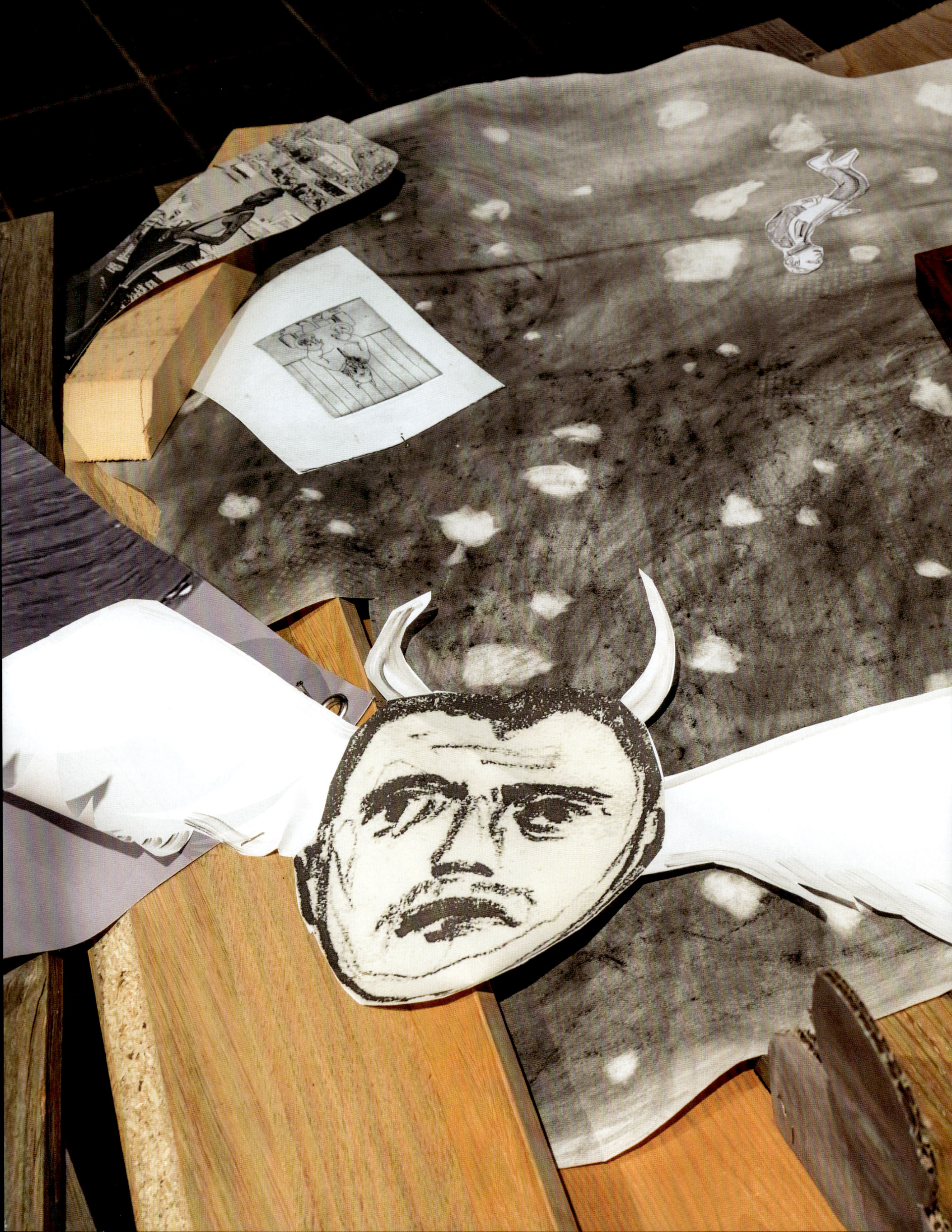

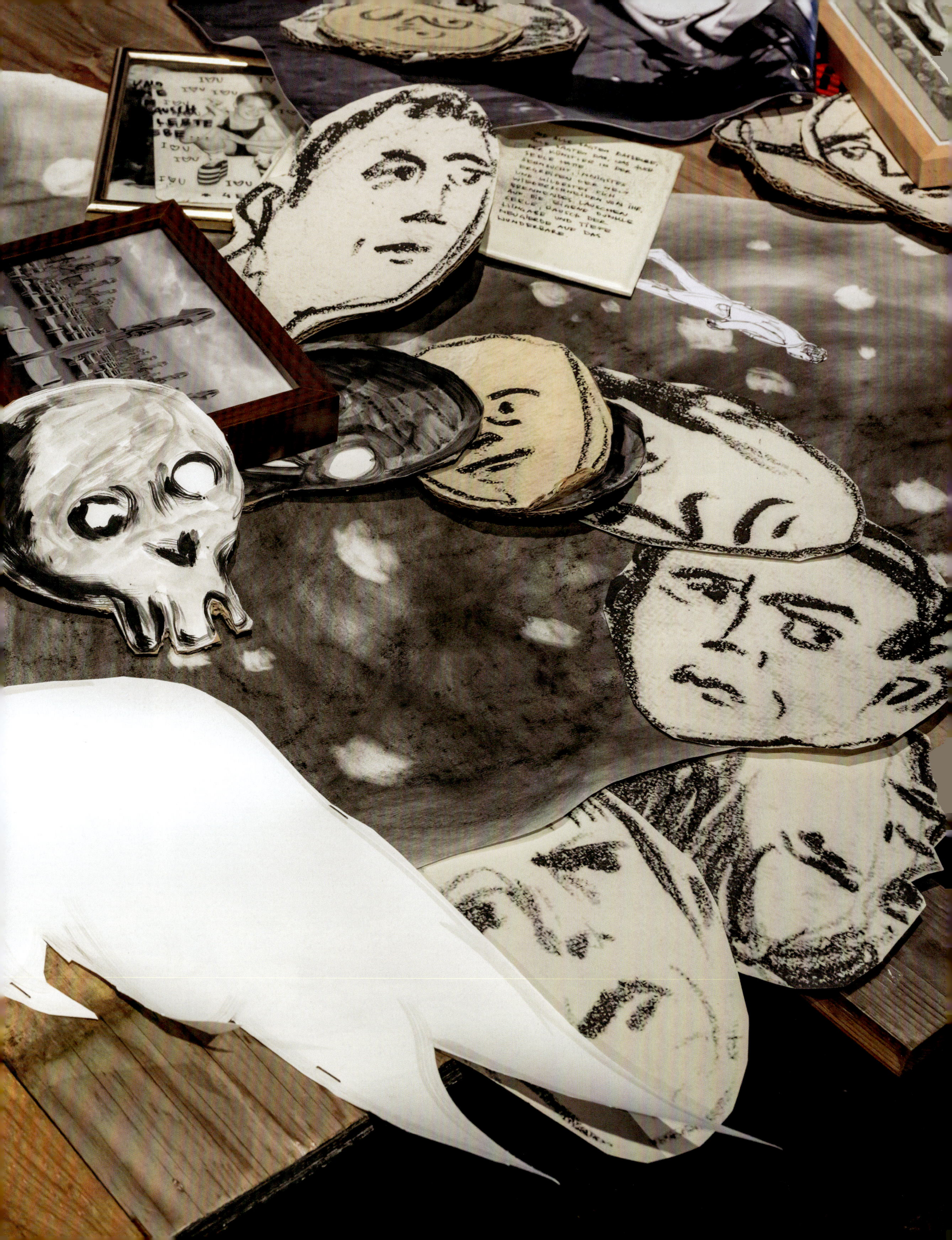

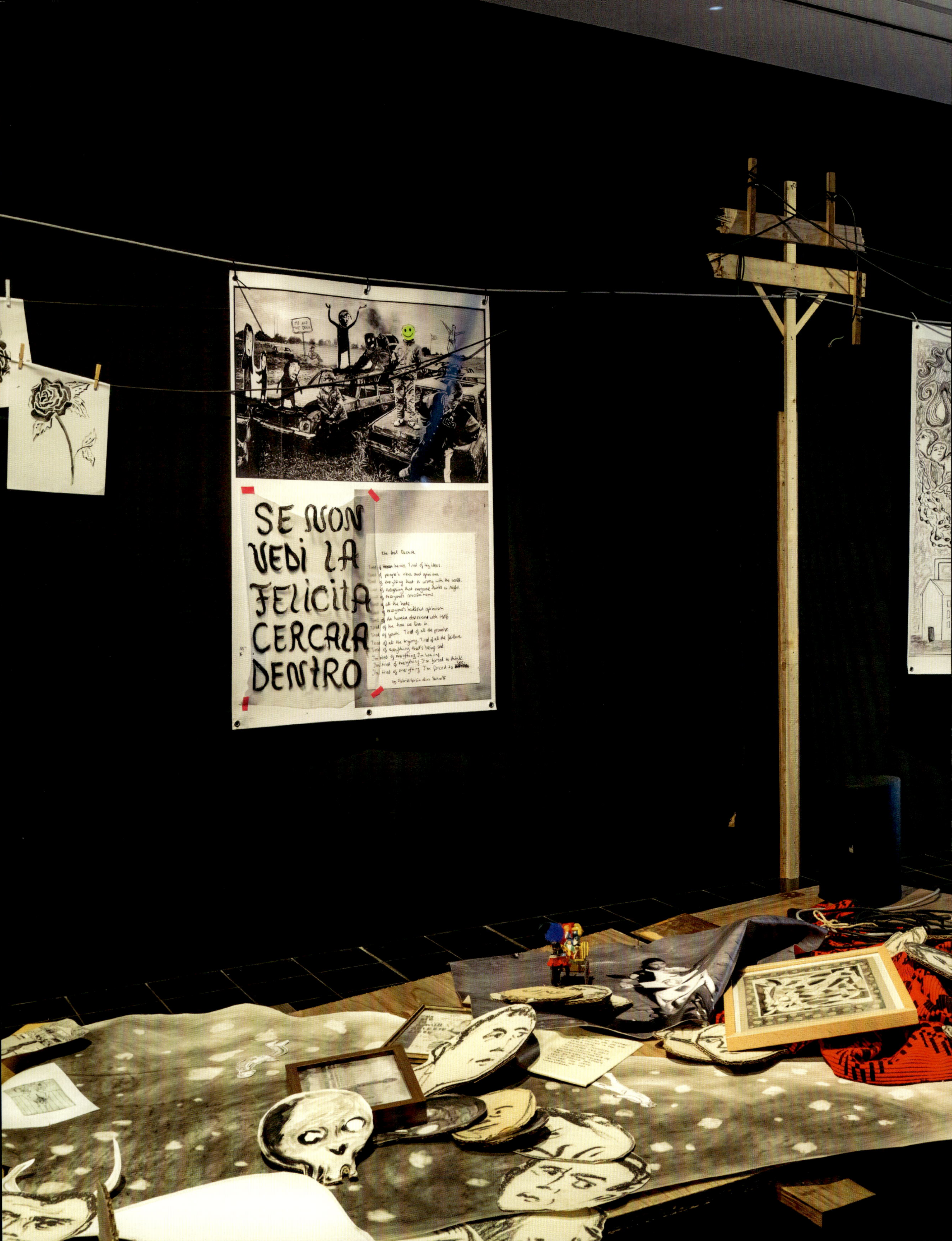

SE NON
VEDI LA
FELICITA
CERCALA
DENTRO
The Lost Decade
Tired of heroes. Tired of big ideas.
of people's views and opinions.
of everything that is wrong with the world.
of everything that everyone thinks is right.
of everyone's revolutions.
of all the hate.
of everyone's bullshit optimism.
of the human obsession with itself.
Tired of the time we live in.
Tired of youth. Tired of all the promise.
Tired of all the trying. Tired of all the failure.
Tired of everything that's being said.
I'm tired of everything I'm hearing.
I'm tired of everything I'm forced to think.
I'm tired of everything I'm forced to see.

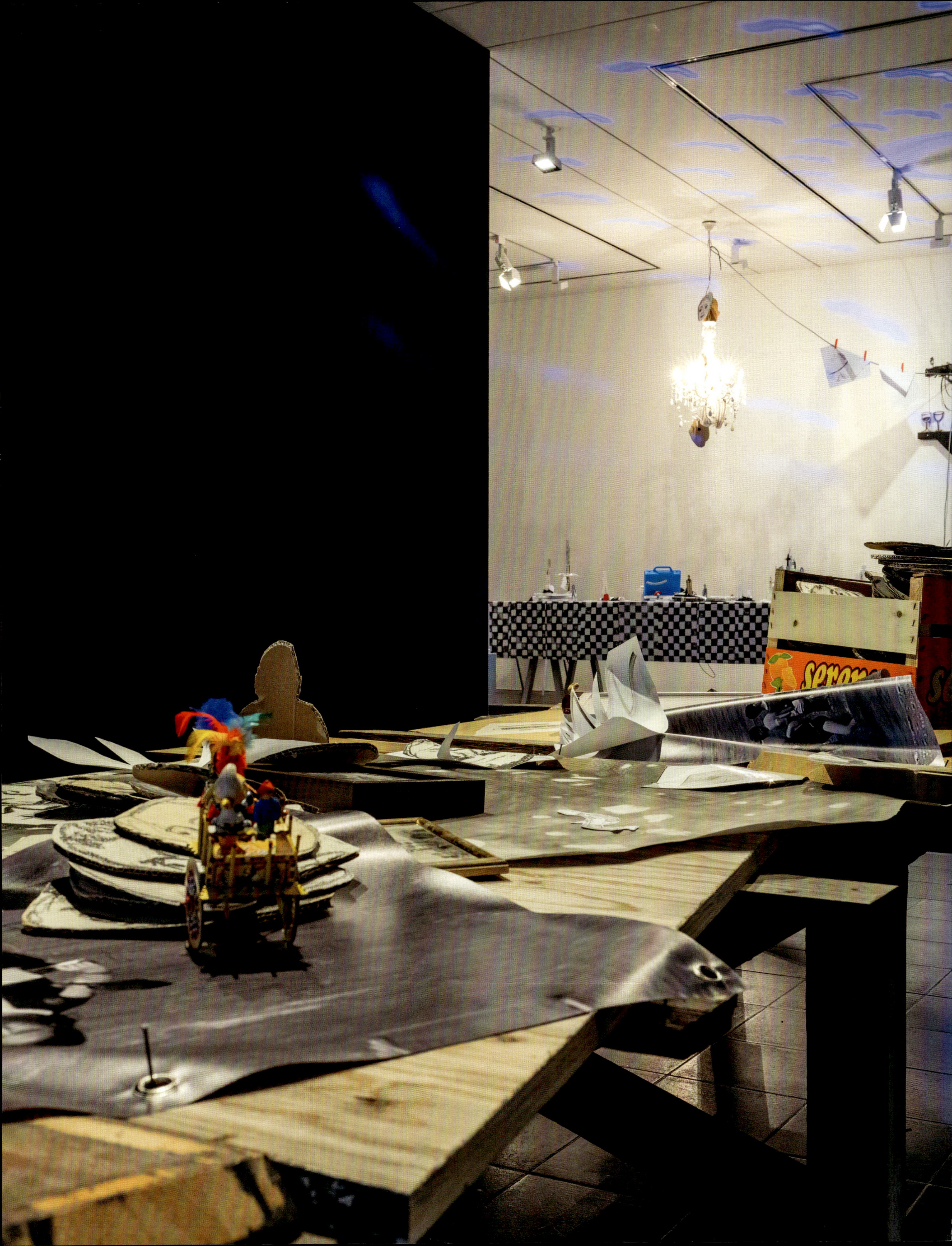

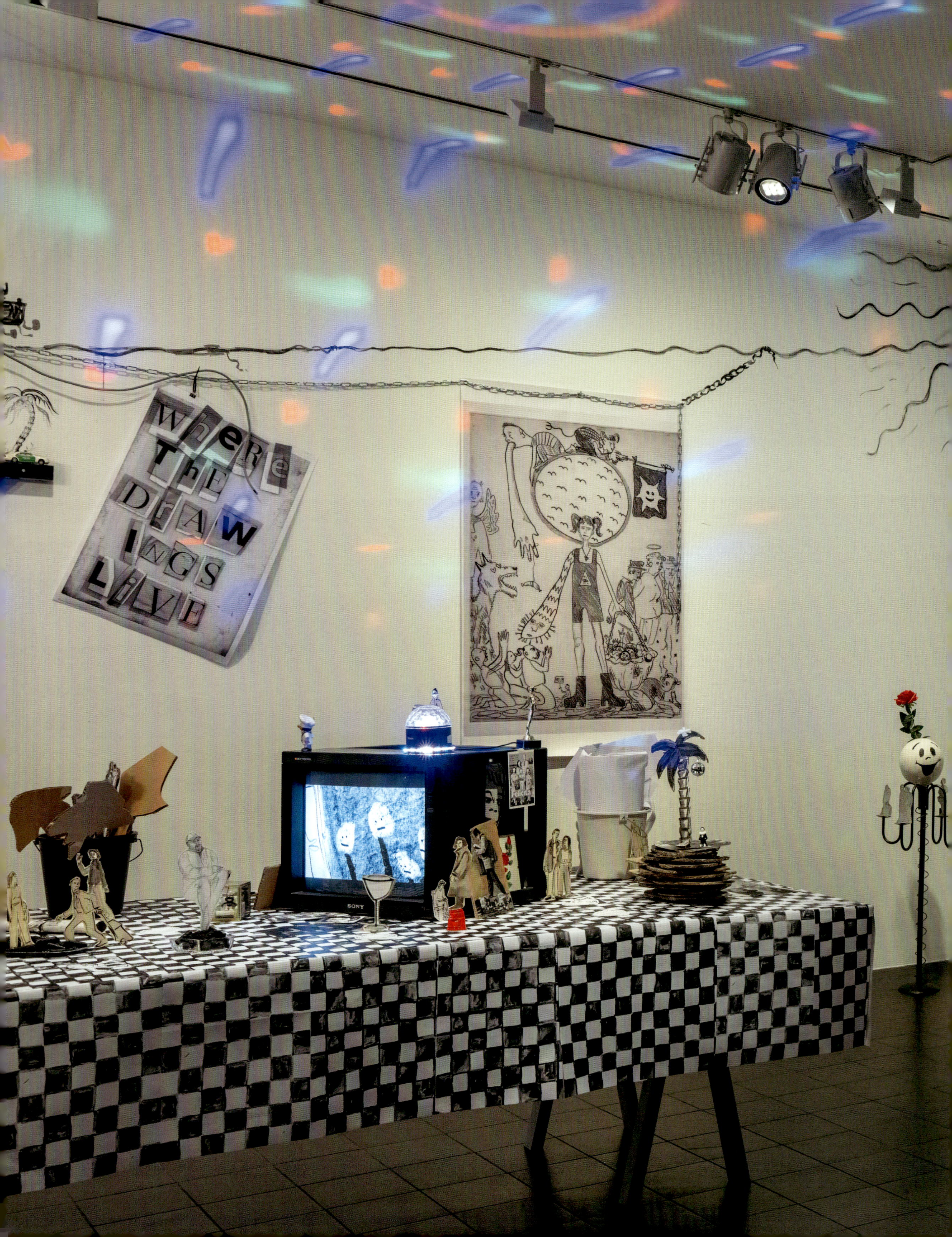
WhErE ThE DrAWINGS LiVE

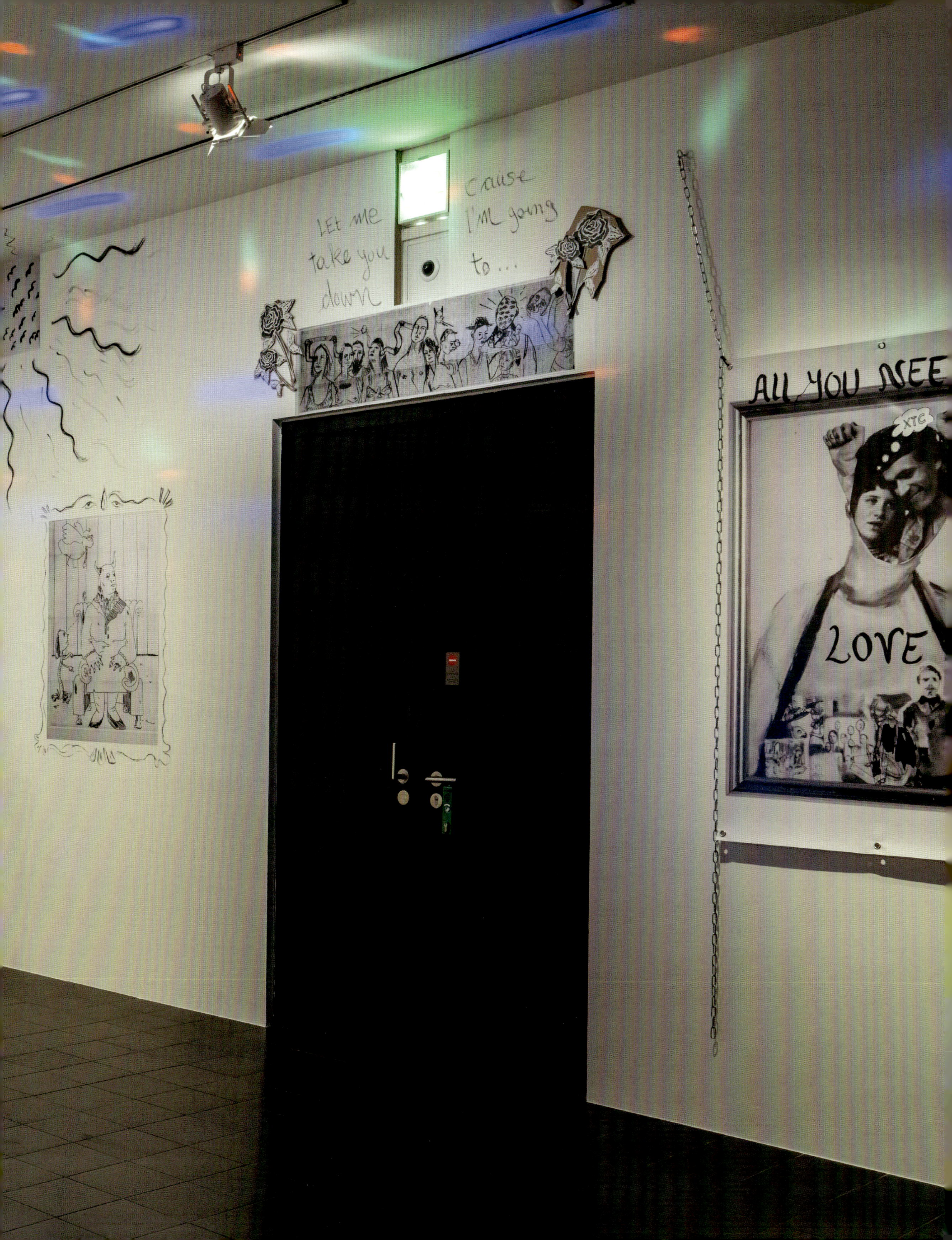
LEt me take you down
Cause I'M going to ...
All YOU NEE
XTC
LOVE

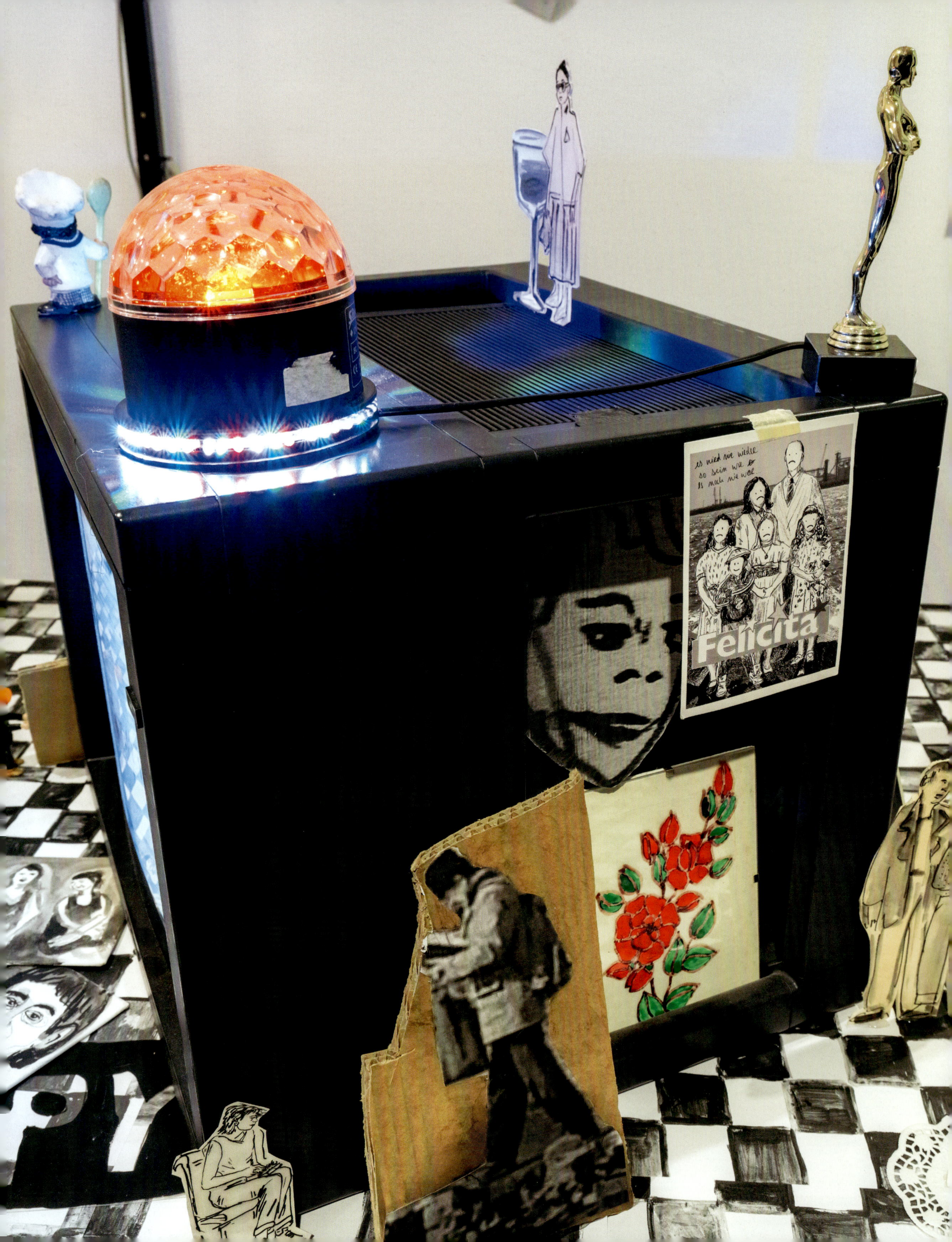
Felicita

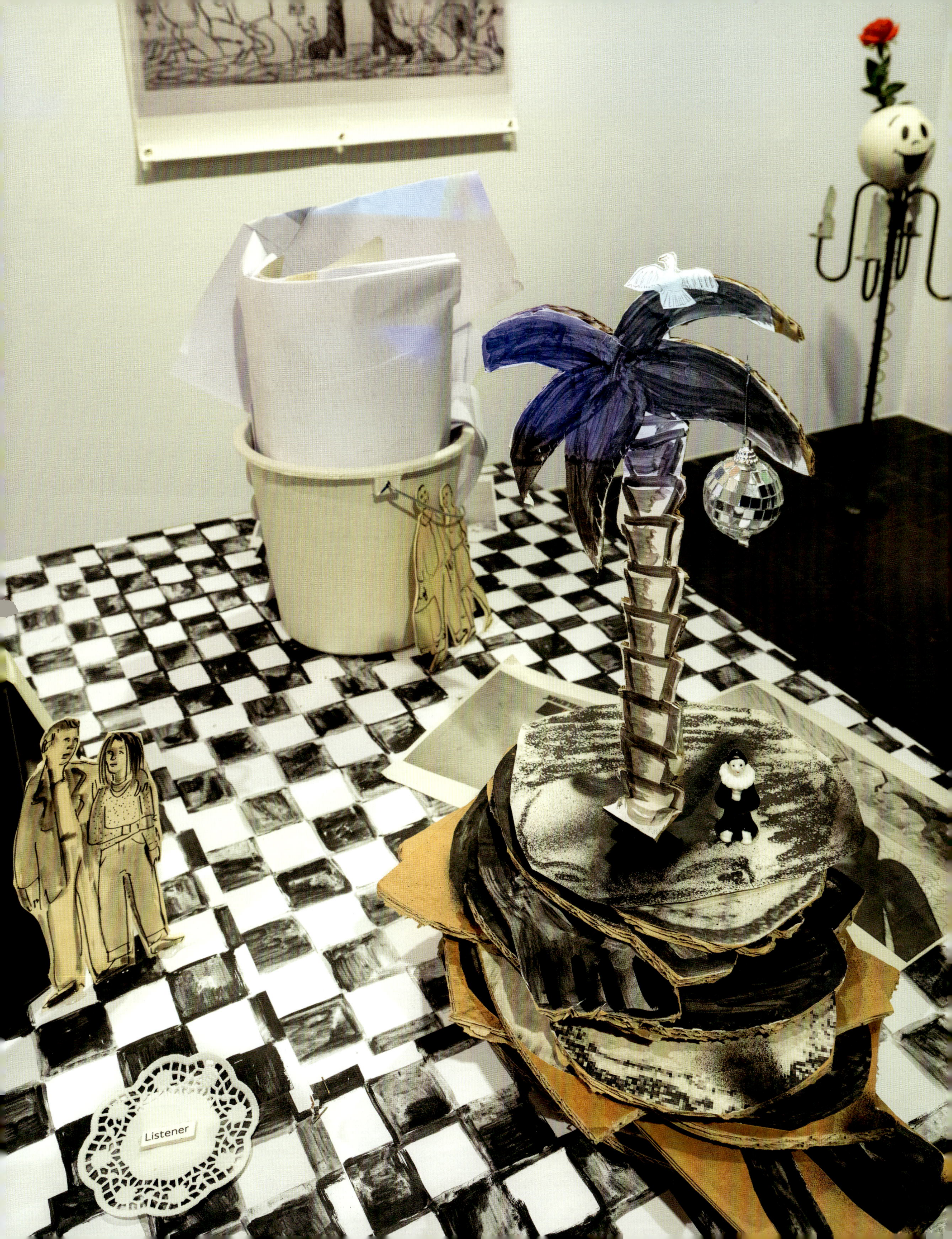
Listener

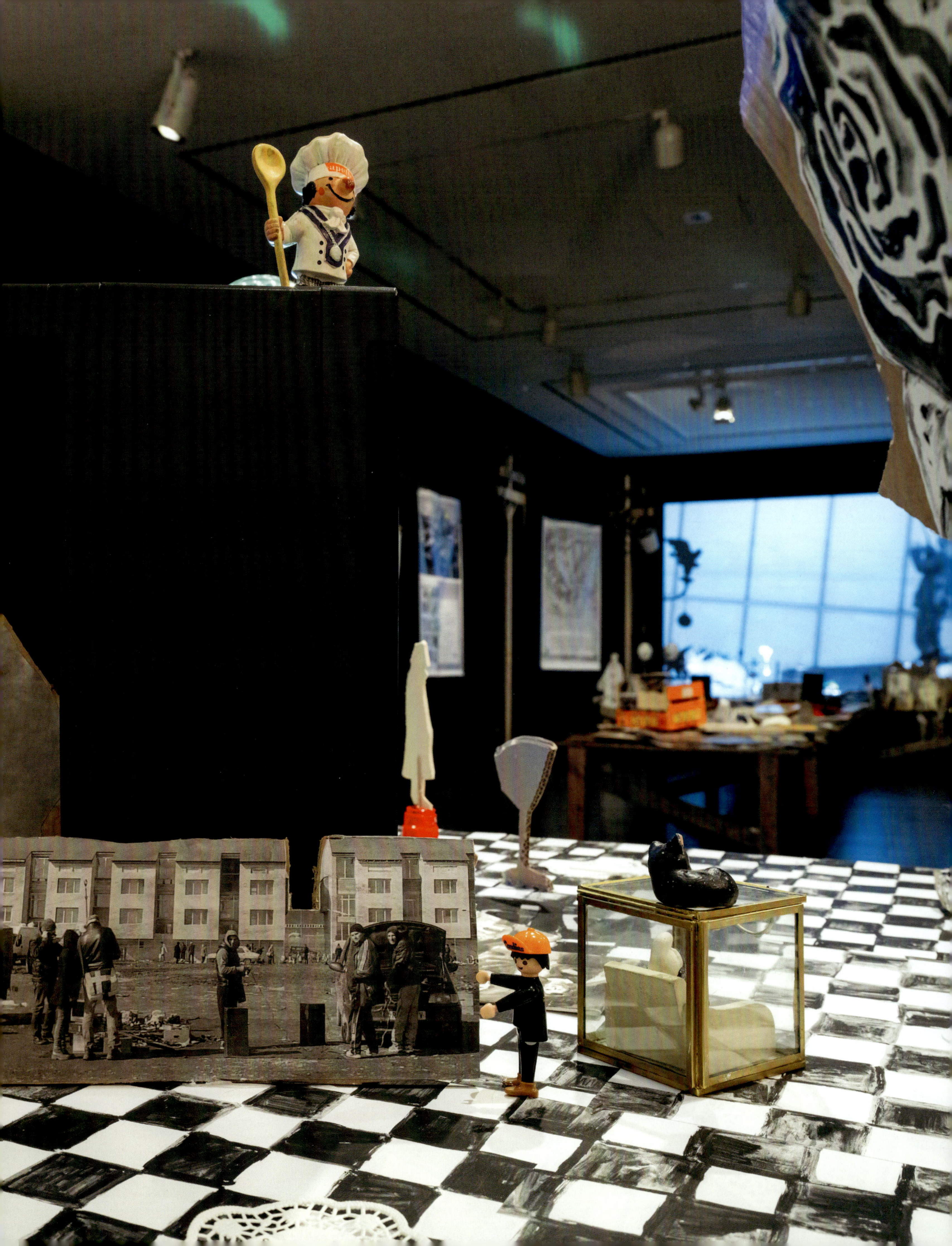

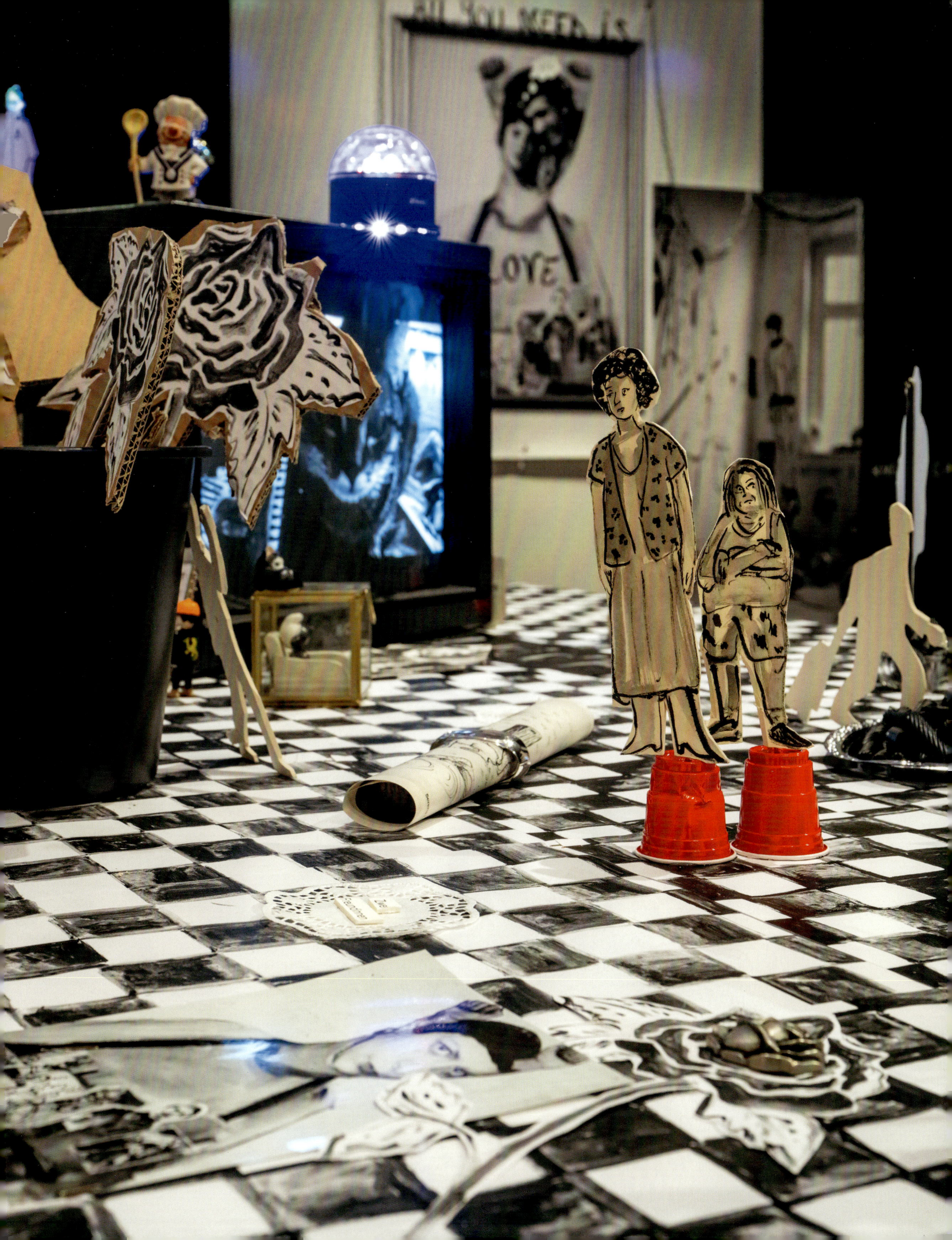
LOVE

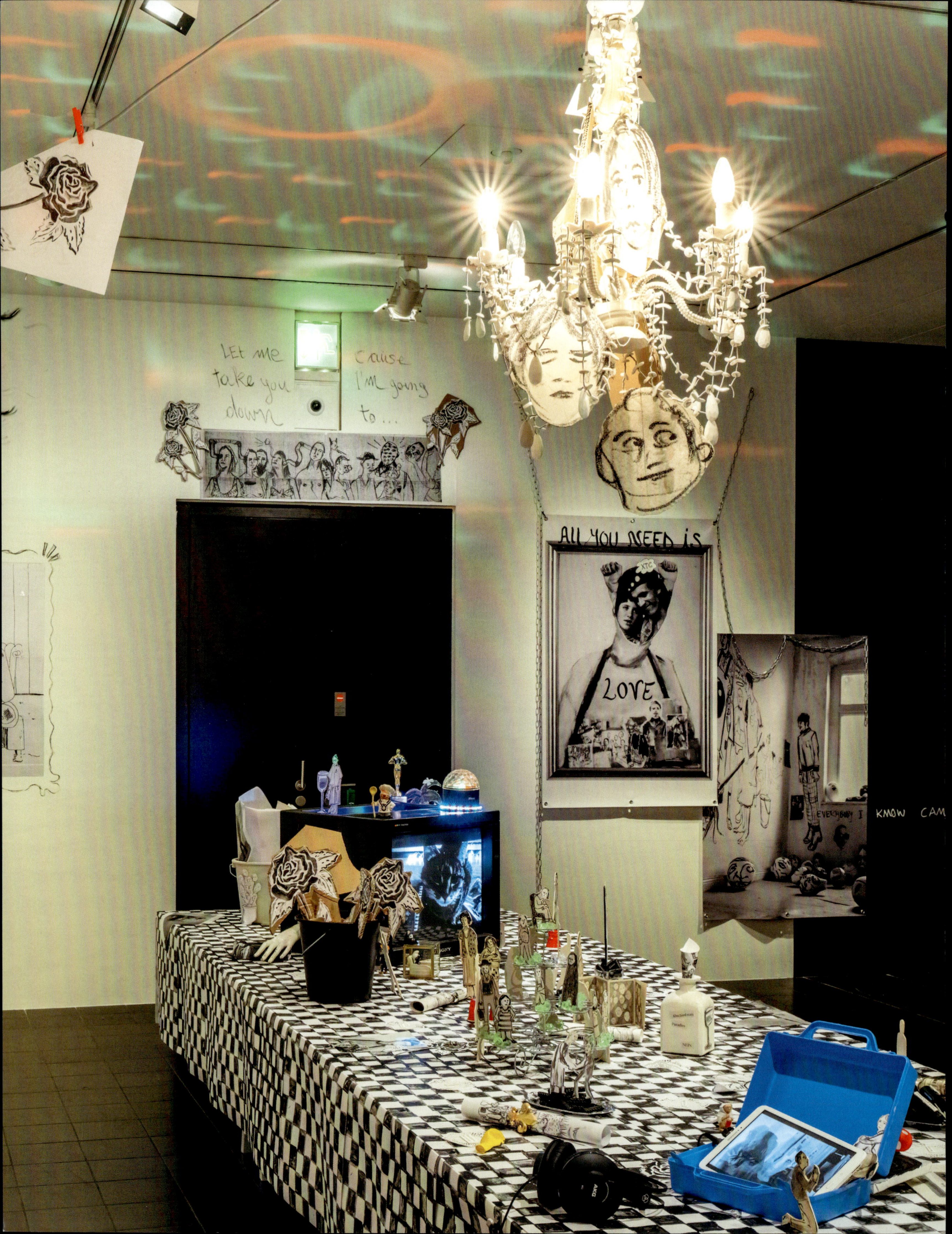
Let me take you down
cause I'm going to ...
ALL YOU NEED IS
LOVE
EVERYBODY I
KNOW CAM

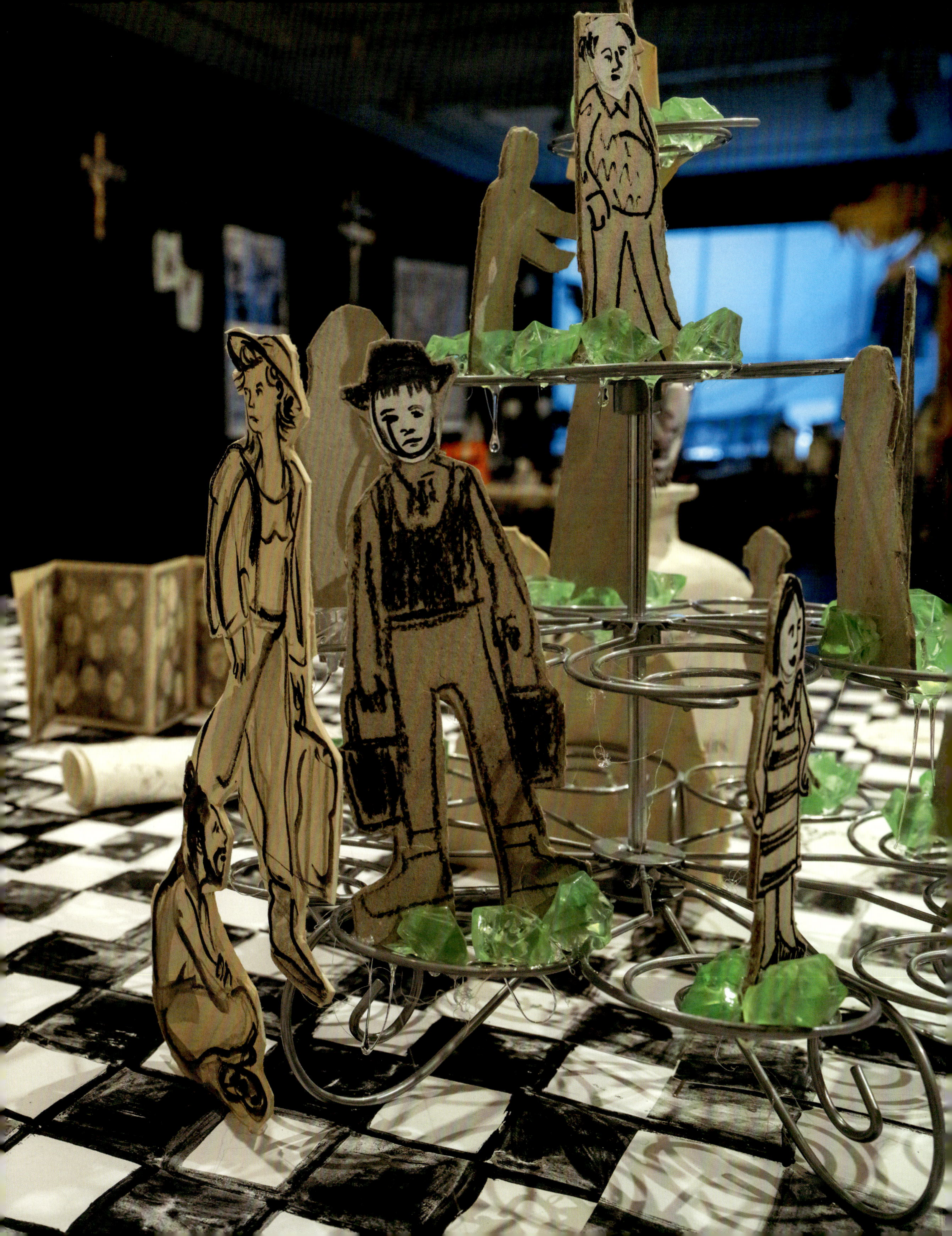

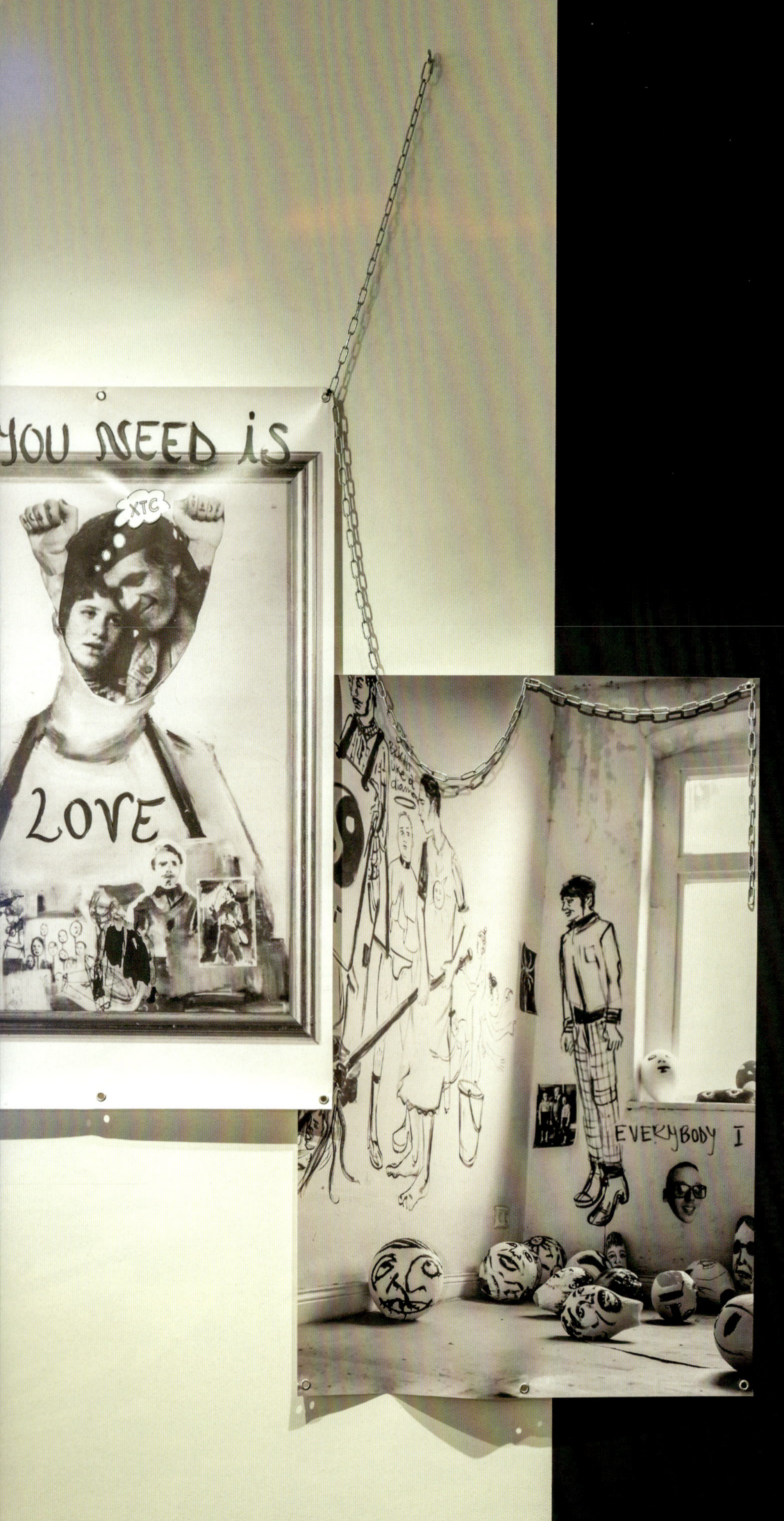
YOU NEED IS
XTC
LOVE
EVERYBODY I
KNOW CAN BE

7. Horst-Janssen-Grafikpreis der Claus Hüppe-Stiftung / 7th Horst Janssen Graphic Art Prize of the Claus Hüppe Foundation 2021

Die nominierten Künstler*innen und ihre Mentor*innen / The Nominated Artists and Their Mentors:

Serena Ferrario	Nadine Fecht (ehemals / former Hochschule für Bildende Künste Braunschweig)
René Haustein	Prof. Daniele Buetti (Kunstakademie Münster)
Tenki Hiramatsu	Prof. Ulla von Brandenburg (Staatliche Akademie der Bildenden Künste Karlsruhe)
Katrín Agnes Klar	Prof. Peter Kogler (Akademie der Bildenden Künste München)
Jennifer König	Prof. Christoph Ruckhäberle (Hochschule für Grafik und Buchkunst Leipzig)
Sarah Lehnerer	Prof. Katharina Hinsberg (Hochschule der Bildenden Künste Saar)
Christian Schiebe	Prof. Kyung-hwa Choi-Ahoi (Weißensee Kunsthochschule Berlin)
Jan Zöller	Prof. Marcel van Eeden (Staatliche Akademie der Bildenden Künste Karlsruhe)

Die Begründung der Jury / The Reasoning of the Jury

Die Preisträgerin Serena Ferrario verbindet in ihrer figürlichen Kunst in ebenso poetischer wie fesselnder Form auf höchst komplexe Weise verschiedene Formen grafischer Gestaltung wie Zeichnungen, Druckgrafiken, Collagen, Scherenschnitte und Fotos mit ergänzendem und vertiefendem filmischem Material zu raumgreifenden Installationen, in denen sie aktuelle gesellschaftliche Themen aufgreift.

Nicht nur dieser vielfältige Umgang mit grafischen Medien hat für die Verleihung des Horst-Janssen-Grafikpreises an die Künstlerin Serena Ferrario gesprochen, sondern darüber hinaus auch ihre feinfühlige Beobachtungsgabe, die sie dazu befähigt, im scheinbar Oberflächlichen tiefgreifende und zuweilen überzeitliche Strukturen zu entdecken. Als Künstlerin eines globalen Zeitalters gelingt es Ferrario, auf „der Suche nach dem Bekannten im Unbekannten" eine eigene, zeitgemäße Bildsprache zu entwickeln, sodass sich die einzelnen Medien sinnfällig miteinander verknüpfen und sich gegenseitig befruchten.

In her figurative art, the award recipient Serena Ferrario combines, in a manner that is both poetical and compelling as well as highly complex, various types of graphical representation such as drawings, prints, collages, silhouettes and photographs, along with complementary and deepening filmic material, into space-encompassing installations in which she addresses current social issues.

Serving as a persuasive argument for awarding the Horst Janssen Graphic Art Prize to Serena Ferrario was not only this multifaceted handling of graphic media, but also the artist's sensitive capacity for observation, which enables her to≈discover, in what seem to be superficial manifestations, profound and sometimes supratemporal structures. As an artist in an era of globalism, Ferrario manages, in "the search for the known in the unknown," to develop a uniquely personal, contemporary visual language in such a way that the individual media conjoin in a meaningful manner and achieve a reciprocal enrichment.

Die Juror*innen / The Jurors:
Dr. Jenny Graser (Staatliche Museen zu Berlin – Preußischer Kulturbesitz, Kupferstichkabinett / State Museums of Berlin – Prussian Cultural Heritage, Museum of Prints and Drawings)
Dr. Matthias Mühling
(Lenbachhaus München)
Rik Reinking
(WAI Woods Art Institute, Wentorf)
Dr. Petra Roettig
(Hamburger Kunsthalle, Sammlung Kunst der Gegenwart / Collection Contemporary Art)
Dr. Andreas Stolzenburg
(Hamburger Kunsthalle, Kupferstichkabinett / Department of Prints and Drawings)

Lebt und arbeitet in Deutschland, Italien und Rumänien / Lives and works in Germany, Italy and Romania

Studium / Studies

2016–17 Meisterschülerin bei / Master student of Prof. Wolfgang Ellenrieder, Isa Melsheimer und / and Nadine Fecht, Hochschule für Bildende Künste Braunschweig
2016 Diplom mit Auszeichnung / Diploma with honors, HBK Braunschweig
2010–16 Studium der freien Künste an der / Study of fine arts at the HBK Braunschweig bei / with Wolfgang Ellenrieder, Ciprian Muresan und / and Hartmut Neumann
2014–15 University of Art and Design in Cluj-Napoca, RO
2007–10 Designschule München, Abschluss als staatlich geprüfte Kommunikationsdesignerin / degree as state-certified communication designer
2006–07 International Munich Art Lab-Projekt zur ästhetischen Jugendarbeit / on aesthetic outreach to young persons

Auszeichnungen und Stipendien / Awards and Stipends

2021 Preisträgerin des 7. Horst-Janssen-Grafikpreises der Claus Hüppe-Stiftung / Award winner of 7th Horst Janssen Graphic Art Prize of the Claus Hüppe Foundation
2020 Endauswahl für das Arbeitsstipendium für bildende Kunst der / Finalist for Work Stipend for the Visual Arts of the Freien und Hansestadt Hamburg 2021
2018–20 Lehrauftrag für Analoge Darstellungstechniken / Teaching appointment for analog representational techniques, HBK Braunschweig
2018–20 Karl Schmidt-Rottluff Stipendium / Stipend
2018–19 BraWo Tower, Kunstpreis / Art Prize, Braunschweig, Video/Animation für / for LED Screen: Broken Memories
2018 Nominiert für den Columbus-Förderpreis für aktuelle Kunst / Nominated for Columbus Grant Award for Contemporary Art
↳ Nominiert für / Nominated for Kunstgenerator Viersen
↳ Werkstattstipendium für Druckgrafik / Workshop Stipend for Printmaking, Braunschweig
2017 Meisterschülerstipendium / Master Student Stipend, Stiftung Braunschweigischer Kulturbesitz / Braunschweig Cultural Heritage Foundation
↳ Max Ernst Stipendium der Stadt Brühl / Max Ernst Stipend of the City of Brühl
2016 BraWo Tower, Kunstpreis / Art Prize, Braunschweig, Video/Animation für / for LED Screen: Beautiful Banality
2014 Erasmus-Stipendium / Erasmus Stipend, University of Arts and Design, Cluj-Napoca, RO
↳ BraWo Tower, Kunstpreis / Art Prize, Braunschweig, Video/Animation für / for LED Screen: Incontro
2013–17 Stipendium der Studienstiftung des deutschen Volkes / Stipend of the German Academic Scholarship Foundation

Einzelausstellungen / Solo Exhibitions

2021 Serena Ferrario. Where the Drawings Live, 7. Horst-Janssen-Grafikpreis der Claus Hüppe-Stiftung / 7th Horst Janssen Graphic Art Prize of the Claus Hüppe Foundation, Hamburger Kunsthalle
↳ Isola Bella, No Depression Room, München / Munich
2020 Spaggia Libera, Maximiliansforum, München / Munich
2019 Cosa ci è Rimasto, Goldberg Galerie, München / Munich
2018 365 Years Later, Städtische Galerie, Wolfsburg
2017 To Remember and Forget, Max Ernst Museum, Brühl
2016 Felicitá – Es wird nie wieder so sein wie es noch nie war, Diplomausstellung / diploma exhibition, HBK Braunschweig
2015 Wir habens geschafft, Kunstschaufenster, Wolfsburg
2014 Ich erinner mich wir waren alle verdammt cool, Allgemeiner Konsumverein, Braunschweig
2012 La Vita Tragica e Lustig, Kunstkreis Brunshausen, Bad Gandersheim

Gruppenausstellungen (Auswahl) / Group Exhibitions (Selection)

2021 Position. 2.0/21, Fabrik der Künste, Hamburg
↳ Home Work, SOX, Berlin
↳ Trap House, Abrisshaus, Steinheilstr., München / Munich
↳ Nominees, KUNSTHAUS HAMBURG
2020 Identities, Festival d'Arte e Cultura, Kunst Block Balve, München / Munich
2019 Die Ausstellung 2019, Kunsthalle Düsseldorf
↳ SHIFT-beyond the binary, Possy Gang, Frappant Galerie, Hamburg
↳ START19, Goldberg Galerie, München / Munich
↳ 3 Neue Ateliers, Goldbekhof, Hamburg

↳	MyPrivateParadise, Kunstverein Ludwigshafen
2018	Open House, Alte Münze, Berlin
↳	My Private Paradise, Kunstverein Pfaffenhofen, München-Pfaffenhofen
↳	Expedition IV, Salve Berlin, Berlin
2017	This must be the Place, ad/ad Projectspace, Hannover
↳	Upcoming Empires, Städtische Galerie Wolfsburg
↳	In times like these, Lage Egal-Raum für aktuelle Kunst, Berlin
↳	Drei Filme über drei Väter, Galerie Genscher, Hamburg
↳	Anwesend, Museum Folkwang, Essen
↳	REAKTIONSWERK 01, BookRealease/Transmute Publishing, Galerie Schrippinski, Berlin
2016	PIANO PIANO, Ministerium für Wissenschaft und Kultur / Ministry for Science and Culture, Hannover
↳	Doesn't mean that much to me to mean that much to you, Kunstarkaden, München / Munich
2015	Vermutungen, Kulturanker, JVA, Magdeburg
↳	Archivitionism with Dan Mihaltianu, Galeria Plan B, Cluj-Napoca, RO
2014	SPIELPLATZEN, HBK-Rundgang / HBK tour, Braunschweig
2013	City of Dreams, Hallenbad, Wolfsburg
↳	MEMORIA CYCLE im Rahmen der Ausstellung des / in the framework of the exhibition of the Hans Op De Beeck-Kunstvereins, Hannover
↳	Wir haben hier eine kleine Schaden, Schnittraum, HBK Braunschweig
↳	Re-Produktion, Herzog Anton-Ulrich Museum, Braunschweig
2012	Musterbau, Timmerfabriek, Vlissingen, NL
↳	Lösemittel-Bindemittel, Galerie vom Zufall und vom Glück, Hannover
2009	Stroke of Art Fair, Galerie Autonomica, München / Munich

Lebt und arbeitet in Wuppertal / Lives and works in Wuppertal, DE

Studium / Studies

2008–2018 Kunstakademie Münster bei / with Daniele Buetti und / and Suchan Kinoshita

Alle vorausgegangenen Stipendien & Ausstellungen sind als unwichtig zu betrachten. René Hausteins aktuelle Arbeit besteht in der Umsetzung des Weltfriedens bis 2030. / All previous stipends and exhibitions are to be considered as unimportant. René Haustein's current work is the achievement of world peace by 2030.

POCH POCH, 2018

(Nrn. / Nos. 293, 500, 292, 492, 489, 395, 389, 277, 499 aus einer Serie von 500 Digitalzeichnungen / from a series of 500 digital drawings)

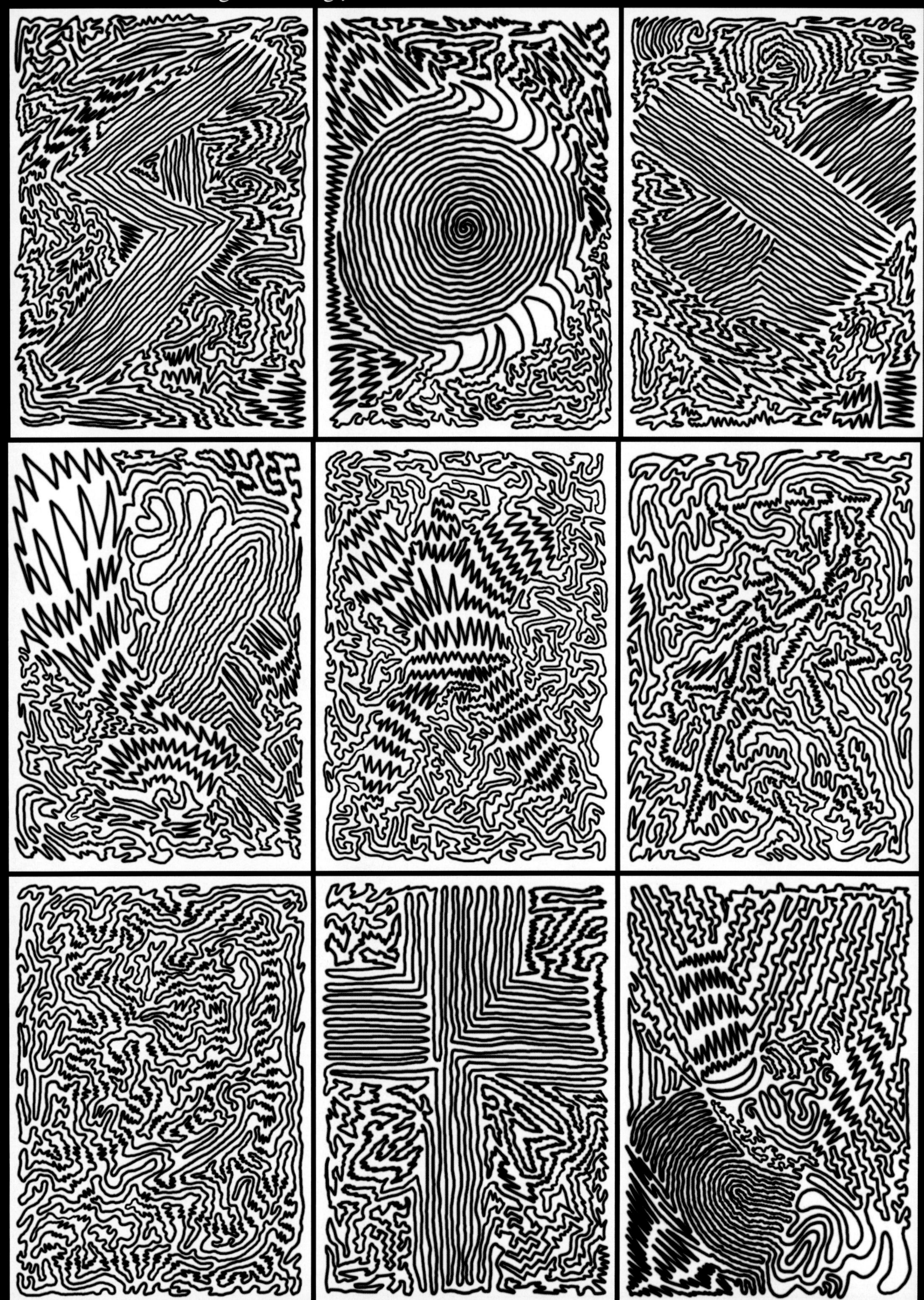

Digitaldruck auf weißem mattem Designpapier (Unikat) / Digital print on white matte design paper (unicum), 48 × 66,2 cm

Lebt und arbeitet in Karlsruhe / Lives and works in Karlsruhe, DE

Studium / Studies

2016–19 Aufbaustudium / Post-graduate studies Staatliche Akademie der Bildenden Künste Karlsruhe bei / with Prof. Marcel van Eeden und / and Prof. Daniel Roth
2005–09 BA Nihon University College of Art, Tokio / Tokyo

Auszeichnungen und Stipendien / Awards and Stipends

2017 Kunstverein Rastatt Kunstpreis / Art Award
2014 3331 Chiyoda Art Festival, Kotaro Iizawa Preis / Prize
2013 GEISAI #19, Mika Yositake Preis / Prize

Einzelausstellungen / Solo Exhibitions

2022 Tenki Hiramatsu, Barbara Seiler, Zürich / Zurich
2021 Good con man, Claas Reiss, London
2020 Lügen haben Beine, Robert Grunenberg, Berlin
↳ See my friends, Barbara Seiler, Zürich / Zurich
↳ Beginner's Improvisation, Furniture Gallery, Auckland
2019 Der Räuber und der Prinz, UNG5, Köln / Cologne
↳ Never Again, Kunstverein Rastatt, Rastatt
2013 Tenki Hiramatsu, Hidari Zingaro, Tokio / Tokyo

Gruppenausstellungen (Auswahl) / Group Exhibitions (Selection)

2021 Tokyo Express, AN+ Art and Design Center, Shenzhen
↳ Ecosystems of Relations, superdakota, Brüssel / Brussels
2020 Autumn Leaves, Laube, Karlsruhe
↳ SUBJECT SITTING IN A DARKENED ROOM, Barbara Seiler, Zürich / Zurich
↳ OPEN AIR, Tong Art Advisory, East Hampton, US
↳ Abstract with Figure, James Fuentes, New York
↳ Sincere Intensions, Robert Grunenberg, Berlin
2019 When karl met trixie, Trixie, Den Haag / The Hague
↳ Gebiete, ßpace, theartape, Karlsruhe
↳ BABES, Luis Leu, Karlsruhe
↳ Tales of the haunted and the body, Casa Cristea Schneider, Berlin
↳ DUNE, Barbara Seiler, Zürich / Zurich
↳ der horizontale Berg, Orgelfabrik Durlach, Karlsruhe
2018 P2P, High Ceiling, Zürich / Zurich
↳ Fairy Dust & Wanderlust, Ornis A. Gallery, Amsterdam
↳ I like to dream I like to think, I like to dream that i think that i dream, Luis Leu, Karlsruhe
2017 Der Turm, Orgelfabrik Durlach, Karlsruhe
↳ the rooftop is not the end the rooftop is not the end, Kinemathek Karlsruhe, Karlsruhe

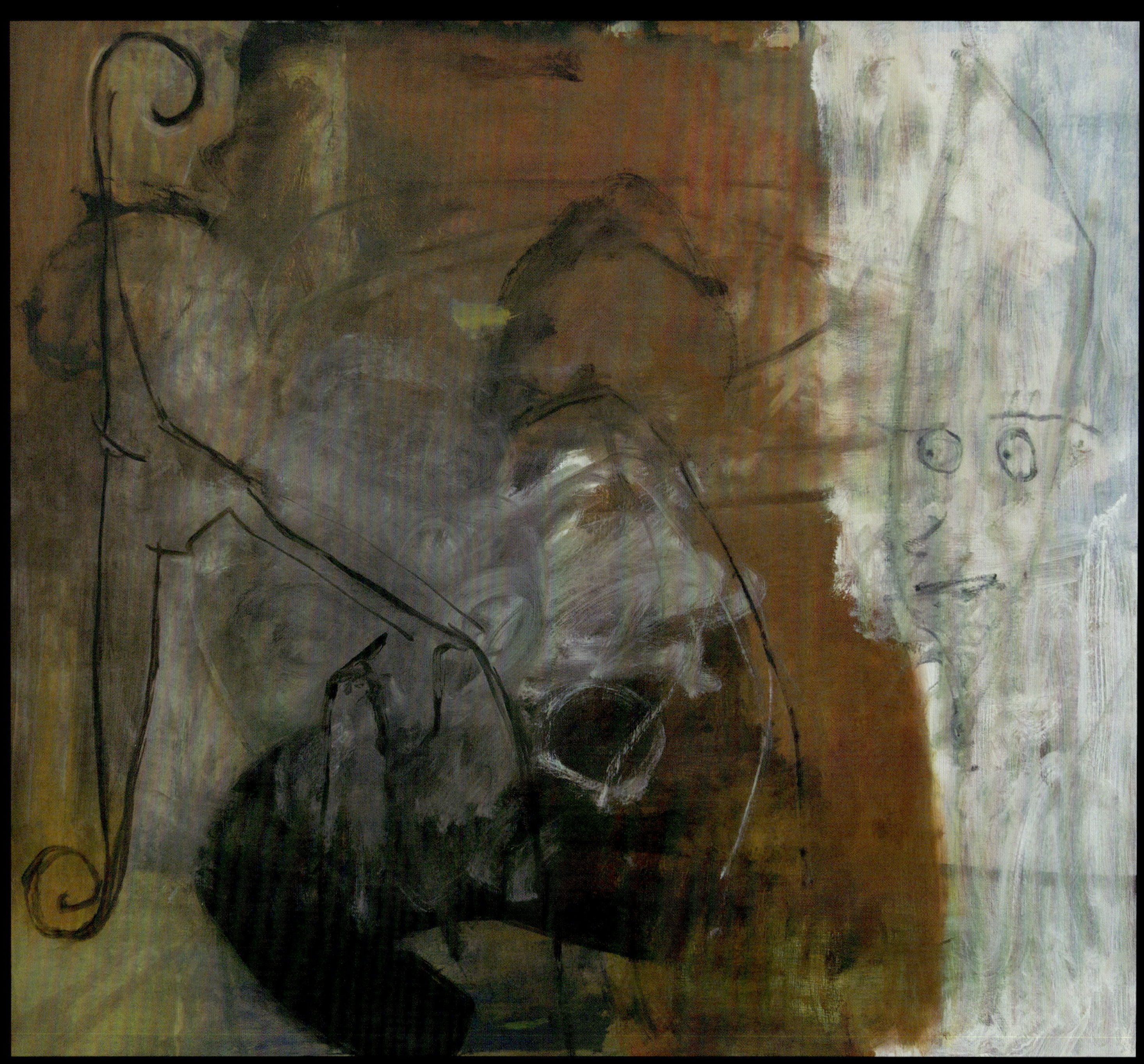

Öl und Acryl auf Holz / Oil and acrylic on wood, 80 × 90 cm

Lebt und arbeitet in München und Reykjavík / Lives and works in Munich, DE and Reykjavík, IS

Studium / Studies

2010–13 Studium Grafik an der / Study of graphic arts at the Akademie der Bildenden Künste München bei / with Peter Kogler
2007–11 Studium Medienkunst an der / Study of media art at the Staatlichen Hochschule für Gestaltung Karlsruhe/ ZKM

Auszeichnungen und Stipendien / Awards and Stipends

2018 Projektstipendium / Project stipend, Kunstfond der Stadt Reykjavík / Art funding from the City of Reykjavík
2014 Debütantenförderung des / Debutant support from the Bayerischen Staatsministeriums für Bildung und Kultus, Wissenschaft und Kunst / Bavarian State Ministry for Education and Cultural Affairs, München / Munich
↳ Projektförderung der / Project support from the Erwin und Gisela von Steiner Stiftung, München / Munich
↳ Stipendium und Residency / Stipend and residency, Skaftfell Art Center, Seyðisfjörður, IS
2013 Artist in Residence, SIM Residency, Association of Icelandic Artists, Berlin
2012 1. Preis, Kunst-am-Bau-Wettbewerb für das / 1st Prize, Art-at-the-Construction-Site Competition of Bayerische Staatsministerium für Unterricht und Kultus / Bavarian State Ministry for Education and Cultural Affairs, München / Munich (mit / with Lukas Kindermann); Realisierung / realization 2013
2009 2. Preis, Kunst-am-Bau-Wettbewerb des / 2nd Prize, Art-at-the-Construction-Site Competition of the Bundesamtes für Bauwesen und Raumordnung / Federal Agency for Construction and Spatial Planning (BBR), Berlin für die / for the Bundesanstalt für Materialforschung und -prüfung / Federal Institute for Materials Research and Testing (BAM), Berlin; Realisierung / realization 2013

Einzelausstellungen (Auswahl) / Solo Exhibitions (Selection)

2020 Wide Open Space, IlleGalerie, München / Munich und / and IlleDigital
2018 Distant Matter, The Living Art Museum, Reykjavík (mit / with Lukas Kindermann)
2014 Democratic Moment, Kunsthalle Kempten
2013 Point of View, Bookshop Project Space, Seyðisfjörður, IS
2012 Mokka, Reykjavík
2011 2011-07-13, Kunstraum Morgenstraße, Karlsruhe
2009 20 minutes of attention, artforum 3, Freiburg
2008 model EFB0612MA/typ 3412, Auslage XIII, Karlsruhe

Gruppenausstellungen (Auswahl) / Group Exhibitions (Selection)

2020 Sammlung Fulda – Grahl, München / Munich
↳ Drawing Restrict, RosaStern, München / Munich
2019 Light Bazar, The Living Art Museum, Reykjavík
↳ Umhverfing, Snæfellsnes, IS
2016 Natural Tendencies, Hótel Holt, Reykjavík
2015 Birting, Gerðarsafn Museum, Reykjavík
2013 Junge Kunst, Kunsthalle Kempten
↳ Sequences Real Time Art Festival, Reykjavík
2012 Vinnslan, Lókal, Reykjavík
2011 Stage the Space, Betahaus, Berlin
↳ National Centre for Contemporary Arts, St. Petersburg
2010 Offener Raum, Haus der Kunst, München / Munich
↳ Ruh Karli Ruh, Ve.Sch, Wien / Vienna
2008 Positionen aus der HfG, BADISCHER Kunstverein, Karlsruhe

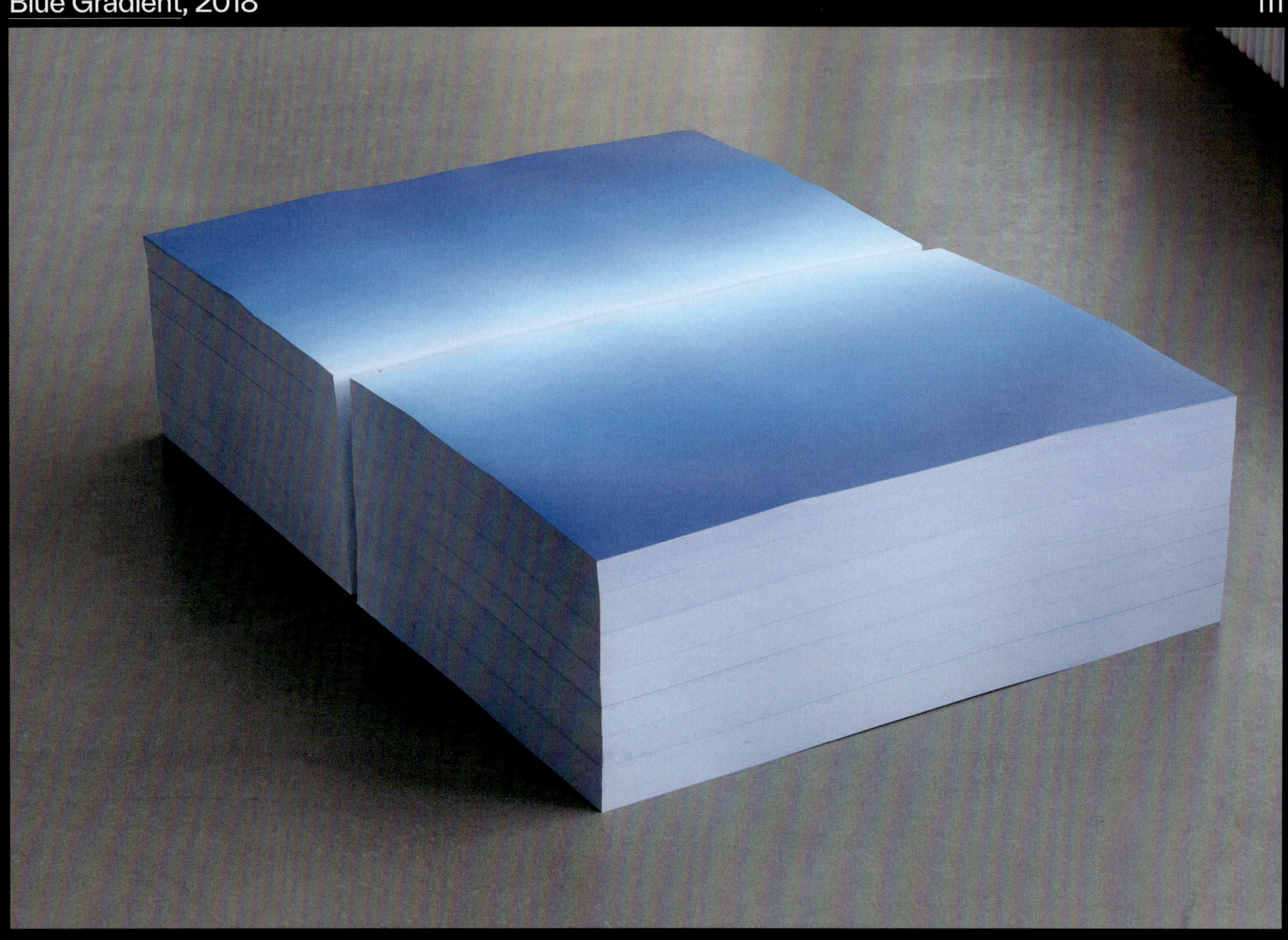

Fotografie, Offsetdruck auf Papier (unlimitierte Plakat Edition) / Photograph, offset print on paper (unlimited poster edition), 59,4 × 84,1 cm

Lebt und arbeitet in Leipzig / Lives and works in Leipzig, DE

Studium / Studies

2017–20 Meisterschülerin bei / Master student of Prof. Christoph Ruckhäberle an der / at the HGB Leipzig
2017 Diplom mit Auszeichnung / Diploma with honors
2015–16 École nationale supérieure des arts visuels de La Cambre, Brüssel / Brussels
2011–17 Studium der Malerei/ Grafik an der / Study of painting/graphic art at the Hochschule für Grafik und Buchkunst (HGB), Leipzig bei / with Heribert C. Ottersbach, Tilo Baumgärtel, Christiane Baumgartner und / and Christoph Ruckhäberle

Auszeichnungen und Stipendien / Awards and Stipends

2020 Projektförderung / Project support from the G2 Kunsthalle Leipzig (Kollektiv 2020)
↳ Denkzeit Stipendium der Kulturstiftung des Freistaates Sachsen / Pause-for-Thought Stipend of the Cultural Foundation of the Free State of Saxony
↳ Wanted: Woodcuts, Ankauf des / purchase by the Kunstmuseum Reutlingen
2019 Nominierung Max Ernst Stipendium / Nominated for Max Ernst Stipend
2018 Landesstipendium des Freistaates Sachsen / State Stipend of the Free State of Saxony
↳ WIN/WIN Ankauf der / purchase by the Kultustiftung des Freistaates Sachsen / Cultural Foundation of the Free State of Saxony
↳ Nominierung Rostocker Kunstpreis / Nominated for Rostock Art Award
2017 Förderpreis Holzschnitt des / Advancement Award Woodcuts of the Spendhaus-Freundeskreises / Friends of the Spendhaus, Reutlingen
2016 Studienpreis des / Study Prize of the Freundeskreises der Hochschule für Grafik und Buchkunst / Friends of the Academy of Fine Art, Leipzig
↳ Printmaking Today Prize, International Print Biennale, Newcastle

Einzelausstellungen / Solo Exhibitions

2021 N.N., XPINKY BERLIN, Berlin
N.N. (mit / with Larissa Mühlrath), C. Rockefeller for the Contemporary Arts, Dresden
2020 Cadrage (mit / with Larissa Mühlrath), a&o Kunsthalle, Leipzig
2018 Brush Stroke Properties, Kunstraum Ortloff, Leipzig
2017 A Set of Investigations, Salon Käthe. Galerie Kleindienst, Leipzig
↳ Raum im Feld Werkschauhalle, Leipziger Baumwollspinnerei, Leipzig
↳ Konstruktionen nach dem Sinn. Holzschnitt-Förderpreis des Spendhaus-Freundeskreises / Woodcut Advancement Award of the Friends of the Spendhaus, Städtisches Kunstmuseum Spendhaus, Reutlingen

Gruppenausstellungen (Auswahl) / Group Exhibitions (Selection)

2021 Wanted: Woodcuts, Kunstmuseum Reutlingen
↳ Hommage, 27. Leipziger Jahresausstellung / 27th Leipzig Annual Exhibition, Werkschauhalle, Leipziger Baumwollspinnerei, Leipzig
↳ Royal grey, Galerie Ursula Walter, Dresden
2020 10. salondergegenwart, Alter Wall, Hamburg
↳ WIP_02: late bloom, Bistro 21, Leipzig
↳ M20, Ausstellung der Meisterschüler*innen / exhibition of Master students, a&o Kunsthalle, Leipzig
↳ FLUID: Das Ganze vom Teil. 39 Positionen der Gegenwartskunst, KV Freunde Aktueller Kunst, Zwickau
↳ Superposition, Projektraum 145, Berlin
2019 school's out!, Galerie Kleindienst, Leipzig
↳ Meisterstück!, Zentrum für Aktuelle Kunst, Zitadelle Spandau, Berlin
↳ Neuzugänge zeitgenössischer Kunst im Kunstfonds, Landesvertretung Sachsen, Berlin
↳ Max Ernst Stipendium / Stipend, Blick hinter die Kulissen, Kapitelsaal, Brühl
2018 Rostocker Kunstpreis / Art Award, Kunsthalle Rostock
↳ WIN/WIN – Die Ankäufe des Freistaates Sachsen 2018, Halle 14, Zentrum für zeitgenössische Kunst, Leipzig
↳ KoMASK Masters Salon Printmaking, Royal Academy of Fine Arts, Antwerpen / Antwerp
↳ Der Berg Analog, Kunsthalle der Sparkasse, Leipzig

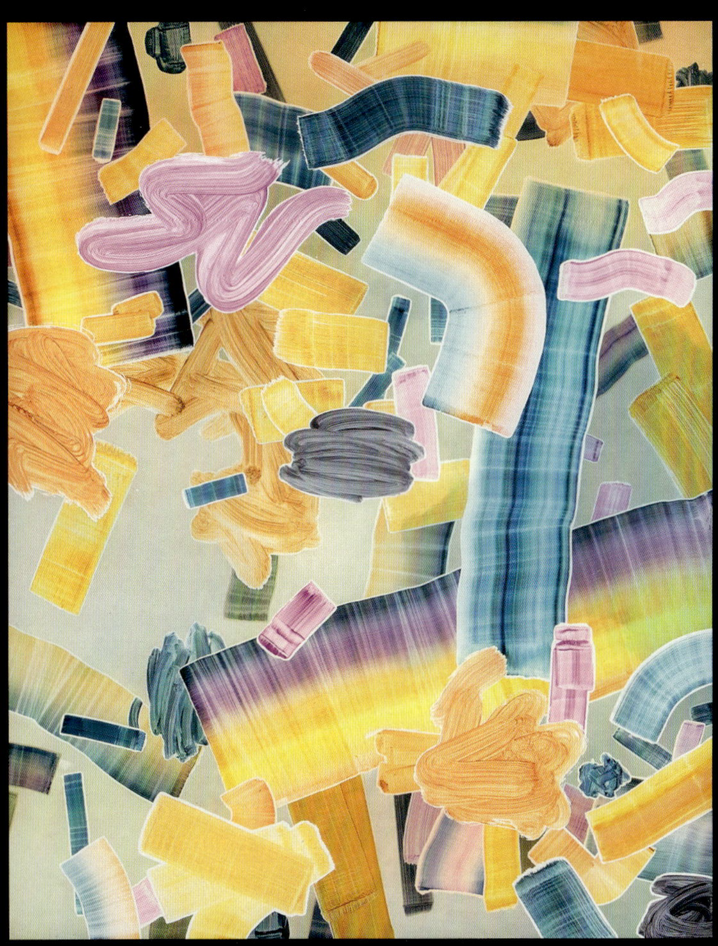

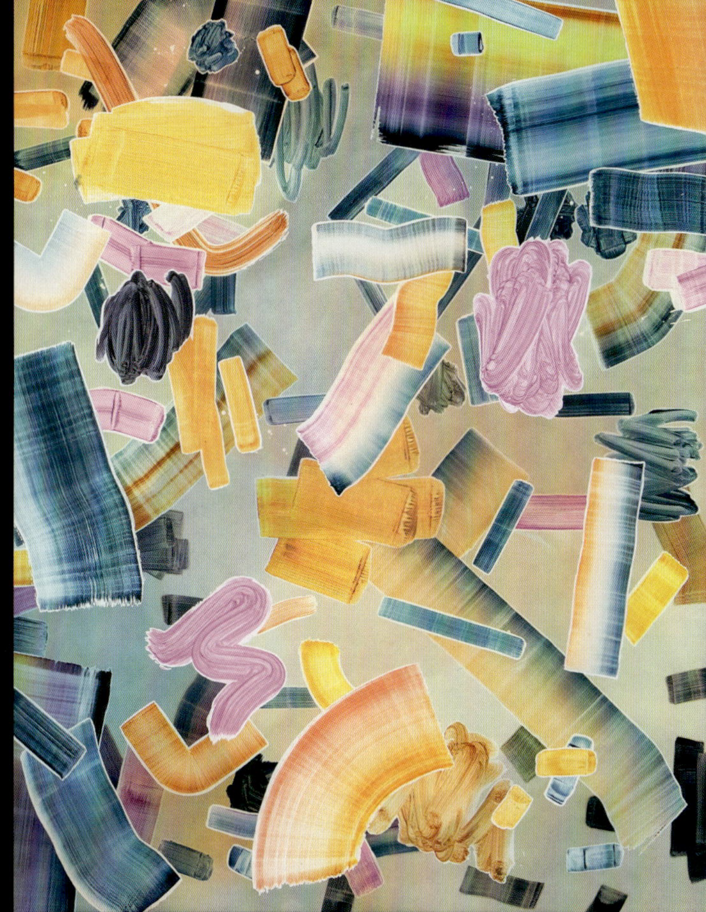

Öl auf Holz (2-teilig) / Oil on wood (2-part), je / each 170 × 135 × 1,9 cm

Lebt und arbeitet in Berlin / Lives and works in Berlin, DE

Studium / Studies

2016 MA, Critical Studies, Akademie der bildenden Künste Wien
2014 Diplom, Freie Kunst / Diploma in fine art, Akademie der Bildenden Künste München
2010 BA, Freie Kunst / BA in fine art, HFBK Hamburg

Auszeichnungen und Stipendien / Awards and Stipends

2020 Arbeitsstipendium / Work stipend, Neustart Kultur Bundeskulturstiftung, Bonn
2016–18 Karl Schmidt-Rottluff Stipendium / Stipend
2018 Recherchestipendium (Bildende Kunst) / Research stipend (Visual Arts), Berlin Senat – Programm zur Realisierung der Chancengleichheit für Frauen in Forschung und Lehre, Bayern / Program for Achieving Equal Opportunity for Women in Research and Teaching, Bavaria
↳ Projektförderung / Project support, Marianne Ingenwerth Stiftung
2017 Projektförderung / Project support, LfA Förderbank
2016 Video/New Media Stipendium und Residency / Stipend and Residency, Akademie Schloss Solitude
↳ Förderpreis für junge Kunst / Grant Award for Young Art, Kunstclub13 zusammen mit PLATFORM
2015 Projektförderung für / Project support for K hybrid, IfA
↳ Debütantenpreis und Katalogförderung des / Debutant prize and catalogue support from the BBK Bayern
2014–16 Studienstiftung des deutschen Volkes, Auslandsförderung / Stipend of the German Academic Scholarship Foundation
2014 Diplompreis / Diploma Prize, Akademieverein, Akademie der Bildenden Künste München
2012–16 Stipendium der Studienstiftung des deutschen Volkes / Stipend of the German Academic Scholarship Foundation

Einzelausstellungen (Auswahl) / Solo Exhibitions (Selection)

2021 Spaceships, Ung5, Köln / Cologne
2020 She turned her head, craning to watch the slit in the door, New Jörg, Wien / Vienna
2019 I could turn myself into it, instead of away from it, Galerie Kirchgasse, Steckborn, CH
↳ tropes and limbs, Galerie Exile, Wien / Vienna
2018 SOFT . STRANDS . CHICKS, Kunstverein Göttingen
2017 Noland, Galerie Kirchgasse, Steckborn, CH
↳ Images, I see symptoms no reflexions*, Platform, München / Munich
2016 Sarah Lehnerer, Prince of Wales at ARTGENÈVE, Genf / Geneva
2014 Fuzzy Future, Prince of Wales, München / Munich

Gruppenausstellungen (Auswahl) / Group Exhibitions (Selection)

2021 A Day's Work, Biennale für Freiburg
↳ Aufbruch und Chaos, Stiftung Stadtmuseum im U-Bahnhof Märkisches Museum, Berlin
2020 Relax – it's all online, Galerie Lars Friedrich, Berlin
↳ SOFT VIEW, Neuer Essener Kunstverein, Essen
2019 Screening, MACRO Museum, Rom / Rome
↳ Ressources, Eclair, Berlin
2018 MANIFESTA: May the bridges I burn light the way, Palermo
↳ Die Stadt dringt ins Haus, Moskau MOMA, Moskau / Moscow
2017 The Way You Read A Book, Galerie Jahn & Jahn, München / Munich
↳ 8ter Salon, Mnemosyne Bilderatlas, Hamburg
2016 WHAT THE HELL IS UP TO US?, Memphis, Linz
↳ Mnemosyne Bilderatlas, ZKM, Karlsruhe
2015 Of other places, State of Concept, Athen / Athens
2014 Plus Jamais Seul, STANDARD, Rennes
2013 New World Monkey, Haeppi Piecs, München / Munich
2012 Kd3G Groupshow, Kd3G, München / Munich
2011 Den Raum vielleicht relativ dunkel und ungewiss halten, Ballhaus, Berlin

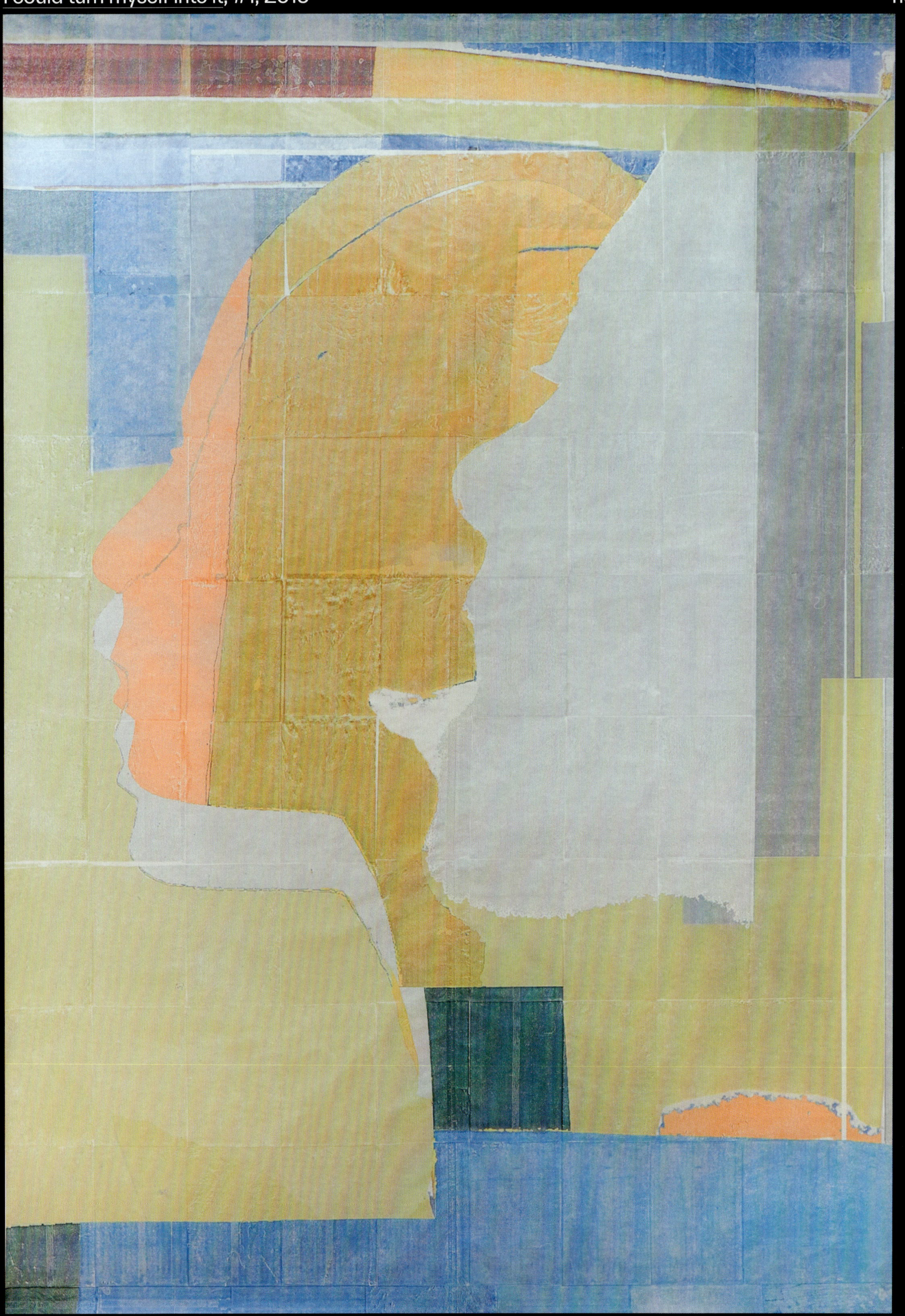

Frottage, Tinte auf Seidenpapier / Frottage, ink on tissue paper, 200 × 280 cm

Lebt und arbeitet in Braunschweig / Lives and works in Braunschweig, DE

Studium / Studies

2014 Meisterschüler bei / Master student of Prof. Nanne Meyer, Weißensee Kunsthochschule Berlin
2007–14 Weißensee Kunsthochschule Berlin

Auszeichnungen und Stipendien / Awards and Stipends

2019 Werkstipendium / Work Stipend „Abdruck" Städtische Galerie Wolfsburg (Braunschweigische Stiftung)
2013 Mart-Stam-Stipendium / Mart Stam Stipend
2012 Palermo Kurzstipendium / Short-Term Stipend
2010 Stipendium der Studienstiftung des deutschen Volkes / Stipend of the German Academic Scholarship Foundation

Einzelausstellungen / Solo Exhibitions

2020 Feldzeichnungen, Galerie Stella A., Berlin
2017 Die Anwesenheit der Abwesenheit, Galerie Stella A., Berlin
2016 Die Poesie eines lose gewickelten Knotens, Kunstverein Jahnstraße, Braunschweig
↳ Verschiedene Grade von Ferne, Projektraum LOTTE, Stuttgart

Gruppenausstellungen (Auswahl) / Group Exhibitions (Selection)

2021 Intuition. Hommage à Beuys, Galerie Stella A., Berlin
↳ Zeichenraum Nr.1, SUB TEI, Berlin
2020 ... außer vielleicht eine Konstellation, Galerie Oqbo, Berlin
2019 THINK SMALL!, Galerie Stella A., Berlin
↳ 6 aus 173, Galerie Oqbo, Berlin
↳ Echolot 13. Linienscharen, Württembergischer Kunstverein, Stuttgart
2018 Erzeichnen, Galerie Inga Kondeyne, Berlin
↳ Arktis – Zeichnung als Expedition, Kunstverein Neukölln, Berlin
2017 Alles lose Teile, Ex14, Dresden
↳ Zeichensprachen, Galerie Parterre, Berlin

Ohne Titel / Untitled, 2020

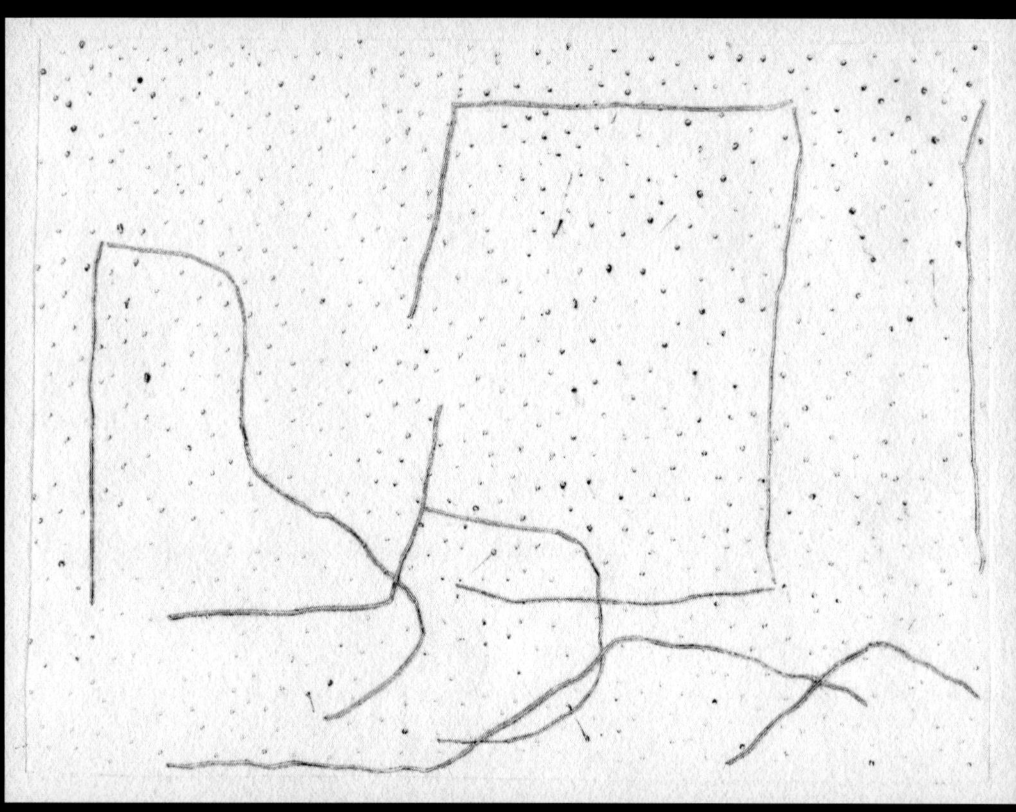

Kaltnadelradierung auf Japanpapier / Drypoint etching on Japanese paper, Ex. / ex. 1/3, 10,4 × 13,9 cm

Lebt und arbeitet in Karlsruhe / Lives and works in Karlsruhe, DE

Studium / Studies

seit / since 2015 Staatliche Akademie der Bildenden Künste Karlsruhe bei / with Prof. Leni Hoffmann

2016 École nationale supérieure des Beaux-Arts Paris bei / with Prof. Jean Marc Bustamante, Atelier P2F und / and Prof. Götz Arndt

2012–14 Staatliche Akademie der Bildenden Künste Karlsruhe bei / with Prof. Marijke van Warmerdam

Auszeichnungen und Stipendien / Awards and Stipends

2021 Arbeitsstipendium der Stiftung Kunstfonds / Work Stipend of the Art Fund Foundation, 2021

2018 Nominiert für den 24. Bundespreis für Kunststudierende / Nominated for the 24th Federal Prize for Art Students, Bundeskunsthalle, Bonn

2017 Postgraduiertenpreis der / Postgraduate Prize of the Kunstakademie Karlsruhe

Einzelausstellungen / Solo Exhibitions

2022 Kunstverein Friedrichshafen

↳ Galeria Heinrich Ehrhardt, Madrid

2021 Jan Zöller and the Firespirits (SIDE A), Robert Grunenberg, Berlin

↳ Keine Zeit zum Baden, Städtische Galerie Ostfildern

2020 It's better to experience things, then to talk about them, Meyer Riegger, Karlsruhe

2019 Possibly there's a possibility that everything is possible, Meyer Riegger und / and Robert Grunenberg, Berlin

↳ Blue Peel, Spazio Buonasera, Torino (mit / with Immanuel Birkert)

↳ SPA(siba), DINAMIKA, Moskau / Moscow

2018 Wir hatten Steinschleudern und wussten wann die Sonne untergeht, Orgelfabrik Karlsruhe (mit / with David Richter)

2016 OPULENCE, Geschwisterraum, Karlsruhe

Gruppenausstellungen (Auswahl) / Group Exhibitions (Selection)

2021 Paint it Black, Meyer Riegger, Berlin

↳ Seen again for the thing we in, Offspace, Karlsruhe

2020 Sincere Intentions, Robert Grunenberg, Berlin

↳ A Means To An End, Meyer Riegger, Karlsruhe

2019 24. Bundespreis für Kunststudierende / 24th Federal Prize for Art Students, Bundeskunsthalle, Bonn

↳ Zwei Alter: Jung, Galerie Crone, Berlin

↳ Come Together, Meyer Riegger, Berlin

↳ You are here, Leipziger Baumwollspinnerei, Leipzig

↳ TEENAGE FEVER, Offspace, Toulouse

2018 SALUT FRERO ÇA VA?, Luis Leu, Karlsruhe

↳ TOP018 Meisterschülerausstellung / Master student exhibition, Kunstverein Heidelberg

↳ Losing my virginity, Robert Grunenberg, Berlin

↳ Butterflies drink turtle tears, Meyer Riegger, Karlsruhe

↳ C'est quand demain, Coherent, Brüssel / Brussels

↳ I like to dream I like to think, I like to dream that i think that i dream, Luis Leu, Karlsruhe

2017 Pressing your face in wet grass, PrivateOffspace, Frankfurt, kuratiert von / curated by Henning Straßburger

↳ They said everything what is repeated is boring, Max Power, Karlsruhe

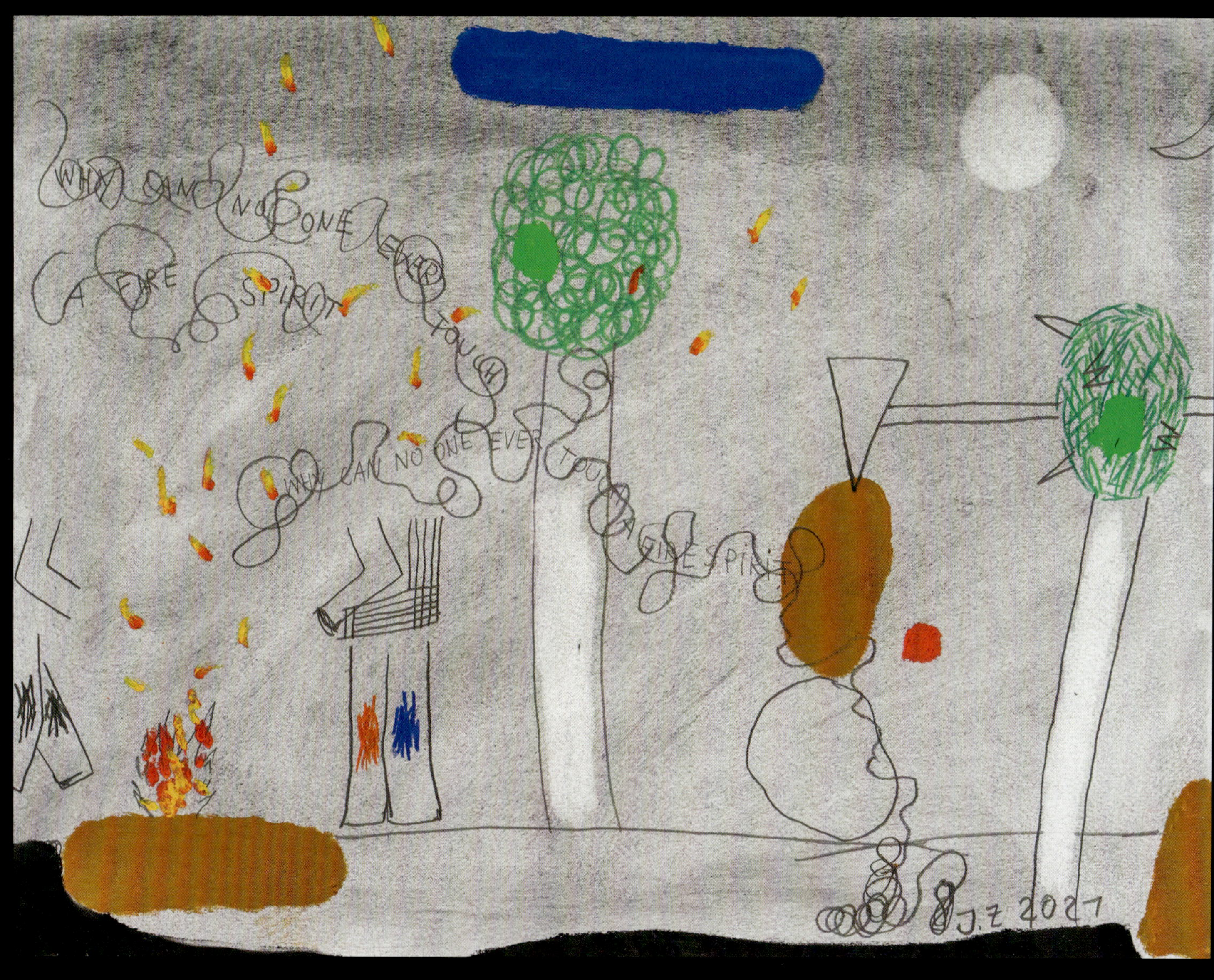

Kohle, Ölstift, Buntstift und Bleistift auf Papier / Charcoal, oil-based pencil, colored pencil and lead pencil on paper, 30 × 40 cm

Herausgegeben aus Anlass der Preisverleihung und Ausstellung der 7. Preisträgerin des Horst-Janssen-Grafikpreises der Claus Hüppe-Stiftung in der Hamburger Kunsthalle vom 20. August bis 24. Oktober 2021 / Published on the occasion of the 7th Laureate's Horst Janssen Graphic Art Prize Ceremony and the respective exhibition of the Claus Hüppe Foundation in the Hamburger Kunsthalle, August 20 – October 24, 2021

Herausgeber / Editors:
Leona Marie Ahrens und / and Petra Roettig
für die Claus Hüppe-Stiftung /
for the Claus Hüppe Foundation
und die / and the Hamburger Kunsthalle

Redaktion / Editorial Staff:
Leona Marie Ahrens und / and Petra Roettig

Gestaltung / Design:
strobo B M

Lektorat / Copyediting:
Susann Harring, Sarah Quigley

Übersetzungen / Translations:
George Frederick Takis

Projektmanagement / Project Management:
Kerber Verlag, Lydia Fuchs

Herstellung / Production, Kerber Verlag:
Jens Bartneck

Gesamtherstellung / Printed and published by
Kerber Verlag
Windelsbleicher Str. 166–170
33659 Bielefeld
Germany
+49 521 950 08 10
+49 521 950 08 88 (F)
info@kerberverlag.com
kerberverlag.com

Die Deutsche Nationalbibliothek verzeichnet diese Publikation in der Deutschen Nationalbibliografie: dnb.de. /
The Deutsche Nationalbibliothek lists this publication in the Deutsche Nationalbibliografie: dnb.de.

Fotonachweis / Photo Credits:
Serena Ferrario: Thomas Dashuber, S. / pp. 52–54, 57–59, 61, 64, 69, 70;
Dominik Gigler, S. / pp. 1–16;
Christoph Irrgang, S. / pp. 81–100;
Oliver Schweers, S. / pp. 47–51, 55–56, 60, 62–63;
Katrín Agnes Klar: Vigfús Birgisson, S. / p. 111
Jennifer König: Clemens Reinecke, S. / p. 113
Jan Zöller: Lukas Giesler, S. / p. 119

Kerber Publikationen werden weltweit vertrieben: / Kerber publications are distributed worldwide:

ACC Art Books
Sandy Lane
Old Martlesham
Woodbridge, IP12 4SD
UK
+44 1394 38 99 50
+44 1394 38 99 99 (F)
accartbooks.com
uksales@accartbooks.com

Artbook | D.A.P.
75 Broad Street, Suite 630
New York, NY 10004 / USA
+1 (212) 627 19 99
+1 (212) 627 94 84 (F)
artbook.com
orders@dapinc.com

AVA Verlagsauslieferung AG
Centralweg 16
8910 Affoltern am Albis
Switzerland
+41 44 762 42 50
+41 44 762 42 10 (F)
avainfo@ava.ch

Zeitfracht GmbH Verlagsauslieferung
kerber-verlag@knv-zeitfracht.de

ISBN 978-3-7356-0811-6
www.kerberverlag.com
Printed in Germany